Nikunj Shah
Nirali Soni

Intensificação do desempenho da VoIP

Nikunj Shah
Nirali Soni

Intensificação do desempenho da VoIP

ScienciaScripts

Imprint

Any brand names and product names mentioned in this book are subject to trademark, brand or patent protection and are trademarks or registered trademarks of their respective holders. The use of brand names, product names, common names, trade names, product descriptions etc. even without a particular marking in this work is in no way to be construed to mean that such names may be regarded as unrestricted in respect of trademark and brand protection legislation and could thus be used by anyone.

Cover image: www.ingimage.com

This book is a translation from the original published under ISBN 978-3-659-87626-4.

Publisher:
Sciencia Scripts
is a trademark of
Dodo Books Indian Ocean Ltd. and OmniScriptum S.R.L publishing group

120 High Road, East Finchley, London, N2 9ED, United Kingdom
Str. Armeneasca 28/1, office 1, Chisinau MD-2012, Republic of Moldova, Europe
Managing Directors: Ieva Konstantinova, Victoria Ursu
info@omniscriptum.com

Printed at: see last page
ISBN: 978-620-8-62192-6

Índice:

Poirfoirmiinc® intensificação da VoIP

Nikunj Shah
Nirali Soni

RESUMO

O VoIP (Voice over Internet Protocol) foi desenvolvido para emular os serviços de portagem com um custo de comunicação mais baixo. Nas aplicações VoIP, as vozes são digitalizadas e empacotadas em pequenos blocos. Estes blocos de voz são encapsulados numa sequência de pacotes de voz utilizando o protocolo de transporte em tempo real (RTP) e entregues pelo protocolo de datagrama do utilizador (UDP). Para ajudar as aplicações VoIP a lidar com o desempenho imprevisível da rede, o Protocolo de Controlo de Transporte em Tempo Real (RTCP) foi desenvolvido para monitorizar o desempenho dos pacotes RTP e fornecer feedback às aplicações VoIP. O feedback sobre o atraso dos pacotes, o jitter e a taxa de perda permite que as aplicações se adaptem às condições da rede para manter um determinado nível de qualidade de voz. Com esta arquitetura, a qualidade do serviço VoIP depende da eficácia do mecanismo de relatório de desempenho da rede RTCP. Esta investigação recolhe relatórios de desempenho RTCP de tráfego em direto em redes reais e compara os seus valores com as estatísticas derivadas de medições diretas de pacotes RTP para avaliar a eficácia do RTCP. As experiências em direto foram realizadas em redes que se assemelham, respetivamente, a uma rede local (LAN), a uma rede de área alargada (WAN), a uma rede de campus e a uma rede local sem fios encriptada. Os resultados destas experiências mostram que o RTCP é eficaz em redes com atrasos reduzidos, mas os relatórios de desempenho do RTCP podem ser imprecisos em redes com atrasos grandes e voláteis.

Capítulo 1

1. INTRODUÇÃO

Durante a última meia década, o sector das comunicações informáticas viveu uma era de revolução tecnológica. Foram inventadas numerosas novas aplicações de rede em resultado do crescimento explosivo da Internet, especialmente as concebidas com base no Protocolo Internet (IP). A grande popularidade da Internet faz com que o volume total do tráfego de rede baseado em pacotes ultrapasse o do tráfego de voz tradicional, comutado por circuitos [Ref 1]. Para tirar partido da tecnologia mais eficiente de comutação de pacotes, os fornecedores de serviços também têm vindo a desenvolver produtos para fornecer serviços de transmissão de voz através de redes de dados como a Internet.

A. EXPERIÊNCIA EM TELEFONIA VIA INTERNET

O primeiro software de telefonia IP foi introduzido em 1995. A VocalTec Inc. [Ref. 2] lançou o seu produto multimédia baseado em PC, o Internet Phone, para permitir aos utilizadores falarem para os microfones do PC e ouvirem nos altifalantes do PC. Foi um desenvolvimento significativo na tecnologia de computadores para transportar voz através de redes de pacotes. O software do Internet Phone de PC para PC funcionou muito bem.

Depois de entrar no mercado, a telefonia IP atraiu rapidamente a atenção mundial. Esta tecnologia foi melhorada para tornar o processo de conversação via Internet mais fácil e de melhor qualidade. Muitas empresas de tecnologias da informação (TI) e de telecomunicações desenvolveram os seus próprios produtos para participar neste novo mercado. Com a capacidade destes produtos de enviar todos os dados de voz através de redes de comutação de pacotes, foi iniciada uma nova era de comunicação vocal de longa distância a baixo custo.

Em 1996, foi produzido o primeiro gateway de telefonia IP [Ref.2]. O aparecimento de servidores de gateway foi a chave para a generalização da telefonia IP. Estas gateways funcionam como uma interface entre as redes telefónicas públicas comutadas (PSTN) e a Internet. Facilitam a integração dos dois tipos de redes, permitindo que a voz e os dados circulem no mesmo caminho de uma rede integrada. Com as gateways, os utilizadores podem utilizar telefones normais para a telefonia IP. Outros componentes que foram desenvolvidos são os gatekeepers, os servidores de voz, as redes de trunking e os gestores de faturação. Atualmente, estão disponíveis no mercado inúmeros produtos relacionados com a telefonia IP.

Uma vez que a telefonia IP está a dar os primeiros passos, com muito espaço para crescer, espera-se que tenha um futuro espantoso. De acordo com um estudo da Allied Business Intelligence de 2001, o valor da indústria das redes telefónicas mundiais triplicará até 2006 [Ref. 3]. Prevê-se que a comunicação vocal tenha uma enorme dimensão de mercado. O mercado global de voz estimado já era de aproximadamente 600 mil milhões de dólares americanos em 2000 [Ref 4]. A principal consideração é o facto de a VoIP ser aproximadamente 27 vezes mais barata do que o serviço PSTN [Ref 4].

A maior parte dos fornecedores de serviços e das grandes organizações optam pela VoIP para se aperceberem dos benefícios em termos de custos e da oportunidade de implementação de aplicações multimédia que integram áudio, vídeo e dados. Esta integração não pode ser oferecida pela PSTN de forma tão eficiente. Alguns sectores

Os analistas estimam que a VoIP representa cerca de 13% do tráfego vocal global em 2002. Esta estimativa reflecte um relatório do Departamento de Comércio que avalia a escala do mercado global de VoIP em 63 mil milhões de dólares [Ref 4].

Embora o mercado esteja a caminhar para a implementação da telefonia IP, esta tecnologia não atingiu os mesmos critérios de qualidade que a telefonia normal. Ainda existem muitos problemas nos domínios da interoperabilidade e da normalização. Assim, a telefonia IP tem um longo caminho a percorrer até atingir a maturidade.

B. TELEFONIA E VOIP

A terminologia anteriormente mencionada "Telefonia IP" é por vezes designada por "Telefonia Internet" porque pode ser implementada na Internet utilizando a pilha de protocolos IP. A maioria das pessoas utiliza estes termos indistintamente com "VoIP", abreviatura de Voice over Internet Protocol. No entanto, as suas tecnologias subjacentes não são exatamente as mesmas. Podem ser utilizadas em diferentes tipos de redes e fornecidas a diferentes níveis de serviço.

A telefonia na Internet consiste em três tipos de serviços de voz operados através da Internet pública: PC-para-PC, PC-para-Telefone e Telefone-para-Telefone.

A telefonia pode integrar outros modos multimédia, como o vídeo e os dados, nas aplicações específicas. O protocolo VoIP é mencionado mais frequentemente quando o tráfego de voz é comunicado através de intranets e extranets geridas por empresas, e destas redes empresariais para a Internet à medida que a qualidade do serviço melhora [Ref 5]. Com base nestas definições ligeiramente diferentes, a VoIP parece fornecer a melhor qualidade de voz, uma vez que é normalmente implantada numa rede dedicada e controlável. No entanto, ambos os termos são atualmente utilizados indistintamente em trabalhos académicos gerais.

C. APLICAÇÕES DE TELEFONIA IP

Com a capacidade de convergir a rede de voz e a rede de dados para formar uma única rede multimédia, a tecnologia VoIP minimiza a distinção entre voz e transferência de dados. Esta tecnologia foi concebida para funcionar em muitas redes, mas as redes baseadas em IP, especialmente a Internet, são bastante populares para a maioria das aplicações. Atualmente, a VoIP tornou-se uma solução técnica aceite e comprovada para a transmissão de voz no ambiente comercial . A capacidade de integrar voz, fax e dados num único canal de comunicação oferece uma enorme oportunidade para a maioria das organizações reduzirem as suas despesas de comunicação. Além disso, a integração da voz e dos dados permite aos utilizadores falar e controlar aplicações multimédia, ou seja, trocar dados e imagens na mesma sessão.

No mercado atual, existem muitas aplicações de telefonia para as empresas. Pode ser utilizada para automatizar o acesso à informação e processar as aplicações, por exemplo, áudio-texto, fax a pedido, resposta interactiva de voz, resposta interactiva de fax e voz e dados simultâneos. Além disso, a telefonia pode aumentar a eficiência do serviço ao cliente num sistema de tratamento de mensagens, por exemplo, correio de voz, servidor de fax, paging, mensagens unificadas e leitor de correio eletrónico.

A telefonia também pode automatizar os serviços de ligação entre entidades empresariais. Estas aplicações incluem a automatização de centros de contacto e de help desk, serviços de retorno de chamadas, serviços de telefonista, conferências, telemarketing e marcação automática/preditiva. Os produtos interessantes utilizados nas empresas telefónicas consistem em telefonia celular, marcação vocal, assistência a listas, páginas amarelas invertidas, reencaminhamento de mensagens de telefones públicos, caixa de correio de fax, conversão de linhas e serviços de operador alternativo. Estes produtos podem também ser adaptados para utilização em aplicações militares.

D. QUALIDADE DO SERVIÇO

Os administradores de rede enfrentam um novo desafio com o VoIP porque precisam de implementar e gerir uma solução para encontrar e atribuir capacidade de rede a aplicações VoIP.

Algumas das redes em que o VoIP pode ser implantado são as redes de banda larga, WAN, Intranet, Internet e até redes sem fios. Atualmente, devido aos congestionamentos provocados por fortes disputas pela largura de banda da Internet, as vantagens da VoIP nas redes públicas não são totalmente concretizadas como numa rede empresarial. É de esperar alguma degradação do desempenho, especialmente durante um período de congestionamento da rede. No entanto, esta comunicação sem custos continua a ganhar popularidade.

Nas aplicações VoIP, as vozes são digitalizadas por placas de processamento de voz e codificadas num formato de fluxo de bits. Os dados de voz são então agrupados numa sequência de pacotes utilizando o protocolo de transporte em tempo real (RTP) e entregues utilizando o protocolo de datagrama do utilizador (UDP) na camada de transporte. Cada pacote de voz é encaminhado através da rede utilizando o IP até chegar ao terminal de destino. O terminal detecta os pacotes de voz, descodifica o fluxo de bits em formas de onda e envia as formas de onda para os altifalantes ou outros dispositivos. Com esta arquitetura, a QoS de uma aplicação VoIP depende, portanto, em grande medida, da qualidade do serviço de rede subjacente. Em particular, os congestionamentos da rede podem causar grandes atrasos nos pacotes e uma elevada taxa de perda de pacotes, o que resulta em distorção da voz, como erros de tom de voz, recorte da fala e intervalo de silêncio artificial.

E. INVESTIGAÇÃO SOBRE ANÁLISE DE DESEMPENHO VOIP

A investigação inicial sobre VoIP centrou-se no desenvolvimento de uma arquitetura de protocolo para integração com redes PSTN e móveis/celulares, na interoperabilidade entre diferentes fornecedores e nas capacidades de QoS. Muitos estudos sobre a qualidade da VoIP consistiram em testar modelos de voz em simuladores de rede, enquanto outros utilizaram voz simulada numa rede real.

No entanto, não foi efectuada muita investigação com dados reais recolhidos em redes de dados públicas.

Os resultados do desempenho da VoIP nas redes de dados existentes foram comparados com a qualidade da voz no sistema de comutação de circuitos para determinar a viabilidade do desenvolvimento de aplicações de voz para essas redes.

F. ÂMBITO DO PRESENTE ESTUDO

Este estudo mede e avalia o desempenho do Protocolo de Controlo de Transporte em Tempo Real (RTCP), que é utilizado para controlar aplicações VoIP em redes de dados públicas. O Microsoft NetMeeting é utilizado nesta experiência para gerar tráfego de voz. Os testes são realizados na rede do campus do NPS e na Internet pública.

Além disso, esta investigação discute a adequação da espinha dorsal do NPS para a implantação de VoIP, que

pode ser considerada no futuro para reduzir o custo das comunicações e promover a comunicação multimédia num ambiente académico. Um desempenho VoIP
numa Ethernet local é utilizada como linha de base para a comparação do desempenho.
Além disso, esta investigação avalia o efeito de atraso da encriptação de dados quando o VoIP é utilizado em computadores portáteis através de uma rede móvel. A opção Wired Equivalent Privacy (WEP) do IEEE 802.11 é utilizada no estudo.
Em todos os testes, ferramentas de domínio público, como Ethereal e WinPCap, são usadas para capturar pacotes de voz. As estatísticas de desempenho são calculadas e analisadas usando macros do Microsoft Excel.

G. ORGANIZAÇÃO DO ESTUDO

Este estudo está dividido em vários capítulos.

- O Capítulo II descreve a visão geral da telefonia IP.
- O capítulo III explica a conceção do pacote de voz.
- O capítulo IV aborda os factores de desempenho
- O Capítulo V aborda a medição do desempenho da VoIP.
- O capítulo VI explica a experiência.
- O capítulo VII ilustra os resultados da recolha de dados.
- O capítulo VIII analisa os dados

Capítulo 2

II. VISÃO GERAL DA TELEFONIA IP

A principal função da Telefonia IP é gravar e fragmentar o discurso em séries de pacotes de voz, para depois os transmitir através das redes e libertar todo o discurso para o ouvinte com atrasos aceitáveis. Este capítulo explica a arquitetura desta tecnologia e as normas técnicas relevantes.

A. NORMALIZAÇÃO DA TELEFONIA

Como já foi referido, a tecnologia de telefonia IP ainda não está madura. Várias organizações estão a desenvolver as suas próprias normas para satisfazer os requisitos da indústria e alguns fornecedores continuam a utilizar a sua própria conceção. No entanto, a maioria dos fornecedores tende a apoiar as normas aprovadas para permitir a interoperabilidade.

Atualmente, a primeira norma de telefonia, e a mais comummente adoptada, é a Recomendação H.323 da União Internacional das Telecomunicações - Setor de Normalização das Telecomunicações (ITU-T) [Ref 6]. Esta norma foi concebida para sistemas de comunicação multimédia, incluindo aplicações de voz. Esta norma de telefonia, H.323, foi originalmente criada em 1996, e a norma completa na versão 4 foi lançada em novembro de 2000. As vantagens desta norma são o facto de ser agora completamente opensource com GUI e de poder funcionar em qualquer sistema operativo [Ref 7].

Uma norma desenvolvida pela Internet Engineering Task Force (IETF) é o Session Initiation Protocol (SIP). Resolve alguns inconvenientes do H.323. O SIP oferece menos complexidade e mais flexibilidade. A norma SIP mais recente foi lançada no RFC 3261, publicado em julho de 2002. Todos os novos projectos de aplicações VoIP suportam H.323 ou H.323 e SIP. Como o SIP é uma norma relativamente nova, neste capítulo, o H.323 é apresentado como a principal arquitetura de telefonia.

B. H.323

A ITU-T concebeu o H.323 para fazer parte da família de recomendações H.32X [Ref 8], pelo que pode funcionar com outras normas para diferentes redes, como se segue:

- H.324 através da rede de circuitos comutados (SCN) e da rede sem fios
- H.320 em redes digitais de serviços integrados (RDIS)
- H.321 e H.310 sobre RDIS de banda larga (B-ISDN)
- H.322 sobre LAN com QoS garantida

A norma H.323 especifica os requisitos técnicos - tais como componentes, protocolos e procedimentos - para sistemas de comunicação multimédia baseados em pacotes, incluindo comunicações áudio, vídeo e dados em tempo real. Abrange todas as aplicações implantadas em redes baseadas em IP e IPX (Internet packet exchange), ou seja, redes locais (LAN), redes empresariais (EN), redes de área alargada (WAN), redes de área metropolitana (MAN) e Internet. O H.323 foi concebido para diferentes combinações de tipos de dados: apenas áudio (telefonia IP), áudio-vídeo (videotelefonia), áudio-dados e áudio-vídeo-dados. Esta conceção suporta igualmente comunicações multimédia multiponto.

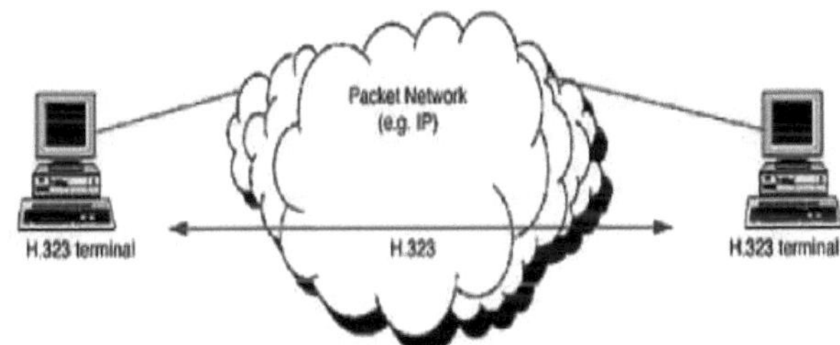

Figura 1. Terminais H.323 em rede de pacotes. (De: Ref 8)

C. COMPONENTES H.323

O H.323 incorpora quatro componentes principais: terminal, gateway, gatekeeper e uma unidade de controlo multiponto (MCU) [Ref 8]. A sua interação é ilustrada na Figura 2. Se todos os componentes estiverem localizados na mesma área, com apenas um gatekeeper, considera-se que estão na mesma zona H.323.

1. Terminal

Um terminal H.323 pode ser um computador pessoal ou qualquer dispositivo autónomo com uma pilha de protocolos H.323 e aplicações multimédia. O serviço básico exigido é a comunicação áudio, enquanto o serviço de vídeo ou de dados é opcional. Dado que o principal objetivo desta norma é a interoperabilidade com outros terminais multimédia, o terminal H.323 pode falar com todos os terminais da família H.32X. O terminal também suporta conferências multiponto.

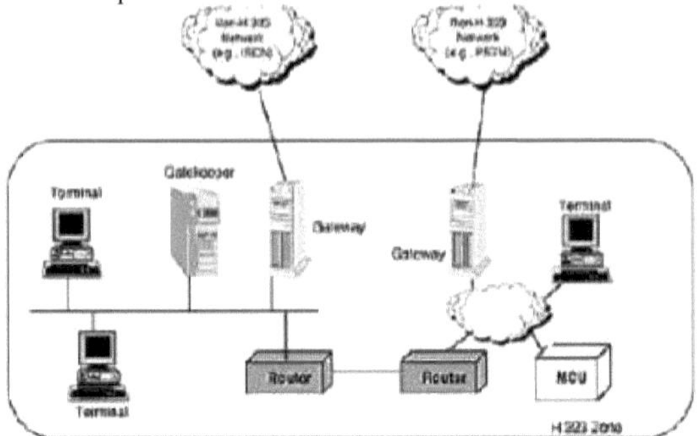

Figura 2. Componentes do H.323 (De: Ref 8)

2. Porta de entrada

Para interligar sistemas heterogéneos, é introduzida uma porta de ligação entre redes H.323 e redes não H.323. Normalmente, a porta de ligação é utilizada para ligar os terminais H.323 à PSTN. Fornece também protocolos de tradução para a criação e o lançamento de chamadas, converte o formato dos media e transfere informações. No entanto, nem sempre é necessário um gateway numa região H.323.

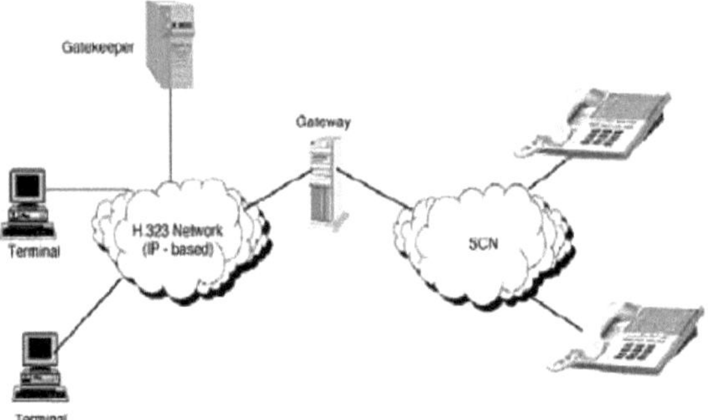

Figura 3. Porta de entrada (De: Ref 8)

3. Porteiro

O gatekeeper foi concebido para ser um centro de controlo de todas as chamadas numa rede H.323. Executa muitas tarefas importantes, tais como endereçamento, autorização e autenticação de terminais e gateways, gestão de largura de banda, contabilidade, faturação, cobrança e serviços de encaminhamento de chamadas. Não é necessário um gatekeeper se estes serviços não forem necessários.

4. Unidade de controlo multiponto (MCU)

Para uma comunicação multipartidária com pelo menos três terminais, é necessária a MCU. Todos os terminais ligam-se à MCU, que funciona como um ponto central da conferência. Verifica e gere os recursos da conferência, negoceia entre terminais para determinar o tipo de codec e gere os fluxos de multimédia.
Os quatro componentes estão logicamente separados, mas podem ser implementados no mesmo dispositivo.

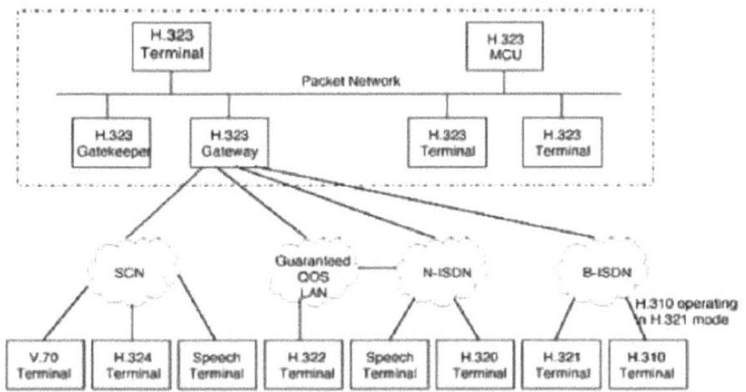

Figura 4. O H.323 interopera com outras redes H.32X (De: Ref 8)

D. ESPECIFICAÇÃO H.323

A recomendação H.323 especifica vários protocolos para o processamento e controlo das comunicações multimédia. [Ref. 8]

1. Codec áudio

O codec áudio codifica os sinais de voz do microfone do emissor em pacotes e, no recetor, descodifica esses pacotes para reproduzir os sinais de voz para serem reproduzidos pelos altifalantes do recetor. Cada terminal deve suportar pelo menos um codec áudio por defeito, o G.711.

Podem ser fornecidos codecs adicionais como G.722, G.723.1, G.728 e G.729.

2. Codec de vídeo

O codec de vídeo codifica os sinais de vídeo da câmara do remetente em pacotes e, no recetor, descodifica esses pacotes para reproduzir os sinais de vídeo para visualização no monitor do recetor. No H.323, este codec é opcional. A especificação do codec de vídeo é definida na recomendação H.261.

3. H.225 Registo, admissão e estatuto (RAS)

No H.225, o RAS é utilizado para estabelecer algumas funções de gestão entre pontos finais (terminais e gateways). As suas responsabilidades incluem o registo, o controlo da admissão, a alteração da largura de banda, o estado e um procedimento de desativação entre terminais e gatekeepers. As mensagens do RAS são trocadas através de um canal RAS, que é o canal de sinalização que liga os pontos terminais.

4. Sinalização de chamadas H.225

Uma ligação entre dois terminais H.323 é estabelecida através da troca de mensagens H.225 no canal de sinalização de chamadas. Este canal é aberto entre um endpoint e o gatekeeper.

5. Sinalização de controlo H.245

As mensagens de controlo extremo-a-extremo que gerem o funcionamento de todos os pontos terminais são trocadas com a sinalização de controlo H.245. As mensagens de controlo encapsulam as informações sobre a troca de capacidades, a abertura e o fecho do canal lógico, o controlo do fluxo e o comando e indicação.

E. PILHA DE PROTOCOLOS

O protocolo de voz é concebido para suportar o requisito de comportamento de transmissão de pacotes. Uma vez que a VoIP tenta emular a comunicação vocal normal na PSTN, a qualidade da comunicação interactiva é a principal consideração que distingue a voz do pacote de dados. Numa rede de dados tradicional, os pacotes de dados são sensíveis às perdas e tolerantes aos atrasos.

Por outro lado, os pacotes de voz são tolerantes a perdas e sensíveis a atrasos. Consequentemente, a camada de transporte na pilha de protocolos VoIP é implementada com UDP para transportar voz em vez de TCP. No entanto, o TCP continua a ser utilizado para transportar mensagens de sinalização, como o estabelecimento de chamadas e a troca de capacidades.

Além disso, como a comunicação vocal exige interações em tempo real, o RTP é utilizado sobre o UDP para fornecer serviços de extremo a extremo. O RTP foi concebido para aplicações em tempo real e para fornecer identificação do tipo de carga útil, numeração de sequência, registo de data e hora e monitorização da entrega.

O protocolo de controlo do transporte em tempo real (RTCP) serve de contrapartida de controlo do funcionamento do RTP. Este protocolo comunica periodicamente a qualidade da distribuição dos dados sob a forma de relatórios do emissor e do recetor. A fonte RTP pode também utilizar o RTCP para ajudar o seu recetor a sincronizar a entrada de áudio e vídeo.

Além disso, o protocolo RSVP (Resource reSerVation Protocol) é implementado em dispositivos de encaminhamento para criar e manter um caminho de transmissão adequado para cada comunicação. Isto pode melhorar a qualidade da transmissão, evitando ligações congestionadas.

F. SEQUÊNCIA DE CHAMADA

A UIT incorpora o H.323 na sua norma de conferência de dados T.120. A sequência da chamada consiste em três etapas e mensagens que são entregues através de dois protocolos da camada de transporte. O TCP é primeiro utilizado para configurar o estabelecimento de chamadas com Q.931 e para trocar capacidades com mensagens H.245. Em seguida, o UDP é utilizado para transportar os payloads RTP e RTCP após a abertura do canal de comunicação entre os pontos terminais. A sequência da chamada é ilustrada na figura seguinte.

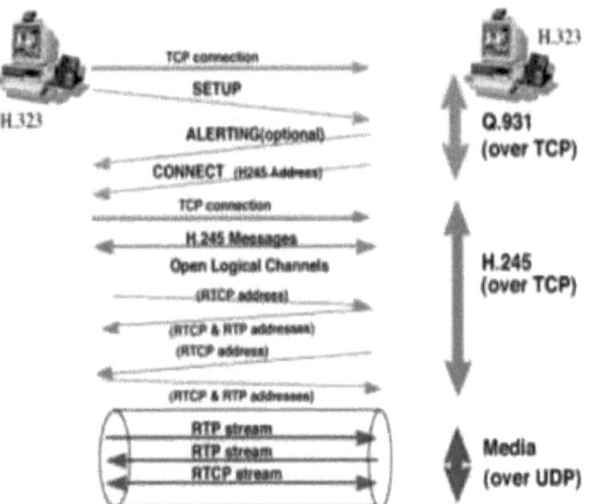

Figura 5. Sequência de chamadas H.323 (De: Ref 9)

G. IMPLEMENTAÇÃO DO VOIP

Uma grande variedade de aplicações de telefonia IP utilizadas nas redes empresariais é normalmente designada por VoIP. Algumas dessas aplicações são discutidas aqui para dar uma ideia geral de como os pacotes de voz se movimentam praticamente em unidades corporativas localizadas em diferentes áreas. [Ref. 10]

A primeira aplicação é para grandes empresas com muitas filiais. A rede de pacotes utilizada para a transmissão normal de dados é melhorada para transportar tráfego de voz juntamente com dados. O tráfego de voz deve ser comprimido para poupar largura de banda. A função inter-working (IWF), que é a implementação física de hardware e software, permite que o tráfego misto de voz e dados aceda à rede de pacotes. Neste caso, a IWF deve suportar interfaces analógicas que se ligam diretamente aos telefones. A IWF tem duas responsabilidades: funciona como uma central telefónica privada (PBX) nas filiais e comporta-se como um terminal de telefonia no escritório em casa, tal como demonstrado nesta arquitetura.

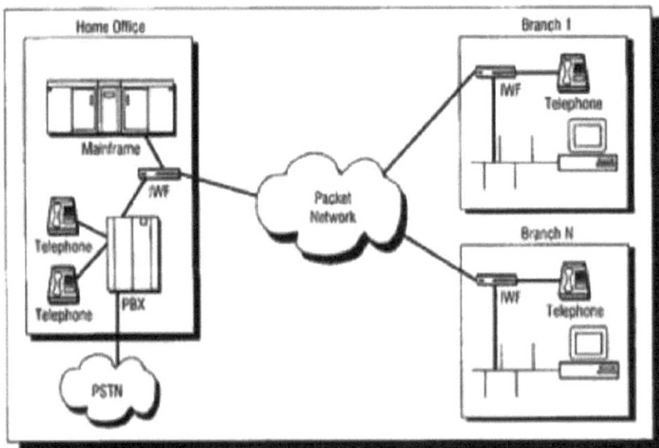

Figura 6. Aplicação de uma sucursal (De: Ref 10)

A próxima utilização da VoIP é uma aplicação de trunking. A rede de pacotes, instalada entre escritórios remotos, substitui completamente as linhas telefónicas originais utilizadas para ligar os PBX. O volume de tráfego de voz e de dados é superior ao do cenário da sucursal; por conseguinte, o IWF deve suportar um canal digital de maior capacidade, como as interfaces T1/E1. A IWF também emula as responsabilidades de sinalização do PBX. A Figura 7 apresenta este cenário.

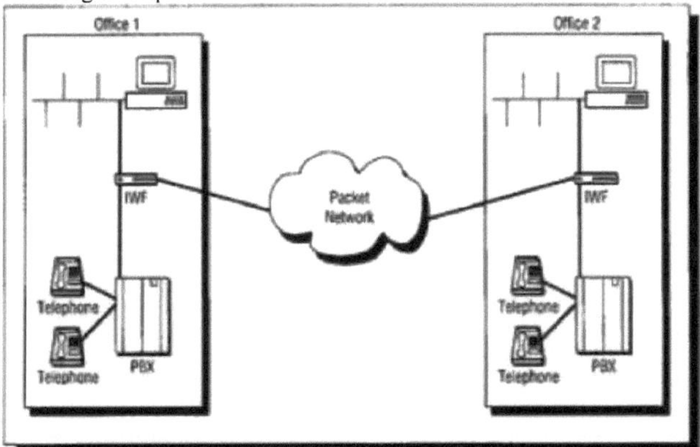

Figura 7. Aplicação de entroncamento entre escritórios (de: Ref. 10)

Além disso, a VoIP pode interoperar com as redes celulares, como mostra a Figura 8. Numa rede celular digital, a voz já é comprimida e empacotada pelos telefones celulares. A rede de voz transmite então esses pacotes para os destinos. Por fim, o IWF realiza a transcodificação para converter os dados de voz celular para o formato de voz PSTN.

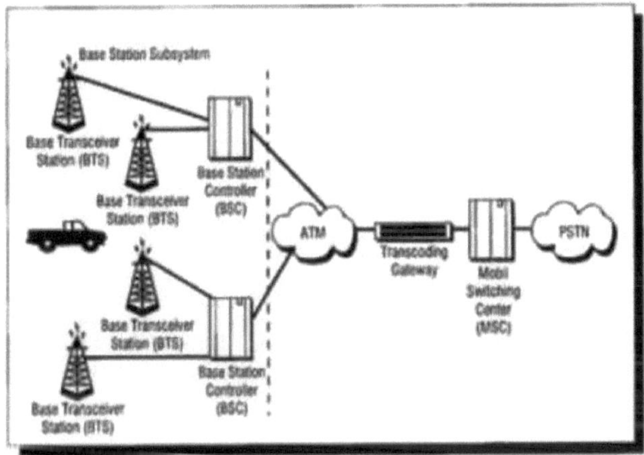

Figura 8. Interoperabilidade das redes celulares (De: Ref 10)

Capítulo 3

III.ARQUITECTURA VOIP

A. FLUXO VOCAL BÁSICO

Com base na atual arquitetura VoIP, a voz é digitalizada utilizando a modulação por código de impulsos (PCM) por um codec de voz. Em seguida, as amostras PCM são comprimidas e empacotadas em pacotes IP para transmissão. O número de amostras embaladas num pacote pode ser personalizado. No lado do recetor, as amostras são descomprimidas e convertidas novamente em sinal analógico na ordem inversa. Este fluxo de dados de voz é ilustrado na Figura 9. [Ref. 11

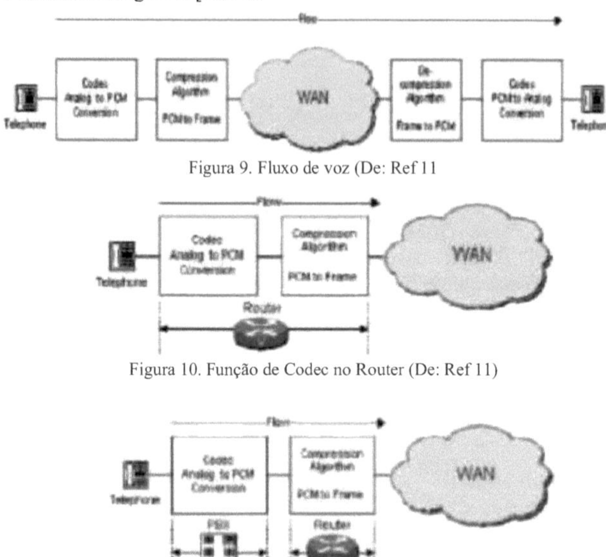

Figura 9. Fluxo de voz (De: Ref 11

Figura 10. Função de Codec no Router (De: Ref 11)

Figura 11 Função do codec no PBX (de: Ref. 11)

Num sistema de voz analógico sem um PBX digital, um router funciona como codec e compressor, como se mostra na Figura 10. Se estiver instalado um PBX digital, o PBX é responsável pela função de codec e o router processa apenas a tarefa de compressão, como se mostra na Figura

B. COMPRESSÃO DE VOZ

O router pode utilizar uma variedade de algoritmos de compressão, dependendo da capacidade da rede e das especificidades da aplicação. Algumas técnicas de compressão predominantes, normalizadas para telefonia e pacotes de voz pela série ITU-T G.-, são as seguintes [Ref 12] G.711 Modulação por código de pulso (PCM) G.723.1 Quantização de máxima verossimilhança multiuso (MP-MLQ) e Predição linear excitada por código algébrico multiuso (MP- ACELP)

G.726 Modulação adaptativa de código de pulso diferencial (AD-PCM)

G.728 Previsão Linear Excitada por Código de Atraso Loy (LD-CELP)

G.729 Conjugate Structure Code Excited Linear Prediction (CS-ACELP) O grupo de amostras de voz transportadas em cada pacote é chamado de bloco. O tamanho de cada período de bloco é medido pela quantidade de tempo que leva para coletar todas as amostras de um bloco. Os períodos de bloco típicos são 10, 20 ou 30 milissegundos. Enquanto isso, o tamanho em bytes de cada bloco de voz depende da codificação utilizada e varia de 80 a 240 bytes.

O bloco de voz recolhido em formato de sinalização PCM é amostrado a 8 kHz com 8 bits por amostra. Isto resulta numa taxa de dados de 64 kbps. No entanto, cada codec recolhe blocos de voz com intervalos de tempo diferentes, pelo que o tamanho do bloco pré-comprimido é diferente.

Além disso, cada algoritmo utiliza um rácio de compressão diferente para uma qualidade de voz diferente. Isto resulta num requisito de largura de banda diferente. O quadro 1 apresenta as caraterísticas de cada técnica de compressão. Os pormenores das caraterísticas de compressão, como o tamanho e o intervalo dos blocos, são abordados no Capítulo 4.

Tabela 1. Codec Conipaiiwu

Codificador	**Bloco de voz** k Sire (bytes)	**Compressão Rntio**	**Taxa de bits (kbps)**
G.711	BO	1:1	64.0
G.723.1 MP-MLQ	2®	10:1	6.3
MP-ACELP	240	12:1	5.3
G.726	BO	2:1	32.0
G.72S	BO	4:1	16.0
G.729A	SO	8:1	8.0

Entre vários algoritmos de compressão, a UIT, em 1995, recomendou o G.729 para codecs de áudio. No entanto, em 1997, o Fórum VoIP votou a favor da recomendação da especificação G.723.1 como norma do sector. Além disso, o consórcio do sector, liderado pela Intel
e a Microsoft, concordaram em utilizar o G.723.1. Decidiram baixar a qualidade da voz para ganhar mais eficiência na largura de banda (G.723.1 requer 6,3 kbps, enquanto G.729 requer 7,9 kbps) [Ref 9].
Atualmente, o G.723.1 é o codec mais adotado nas aplicações VoIP.

C. FORMATO DO PACOTE DE VOZ

Depois de comprimidas, as amostras de voz estão prontas para serem transmitidas. São encapsuladas com o cabeçalho RTP, o cabeçalho UDP e o cabeçalho IP, antes de serem passadas para a camada de ligação. O tamanho do cabeçalho da camada de ligação varia de acordo com o tipo de meio. O tamanho de um combo típico de cabeçalho IP-UDP-RTP é de 40 bytes, como mostra o formato apresentado na Figura.

Link Header	IP Header	UDP Header	RTP Header	Voice Payload
X bytes	20 bytes	8 bytes	12 bytes	X bytes

Figura 12 Pacote de voz

D. PROTOCOLO DE TRANSPORTE EM TEMPO REAL (RTP)

O RTP, tal como definido no RFC 1889 [Ref 13], foi concebido para suportar o transporte de media em tempo real através de redes de pacotes. De acordo com o seu comportamento intrínseco, alguns pacotes podem ser perdidos, atrasados e reordenados. Para a deteção de perdas, o RTP fornece informações de temporização para que o recetor possa compreender o padrão de voz original e lidar corretamente com o jitter.
No entanto, o RTP não reserva recursos na rede para evitar a perda de pacotes e o jitter. Por conseguinte, o RSVP é frequentemente utilizado por uma aplicação RTP. O formato do pacote RTP é mostrado na Figura 13.

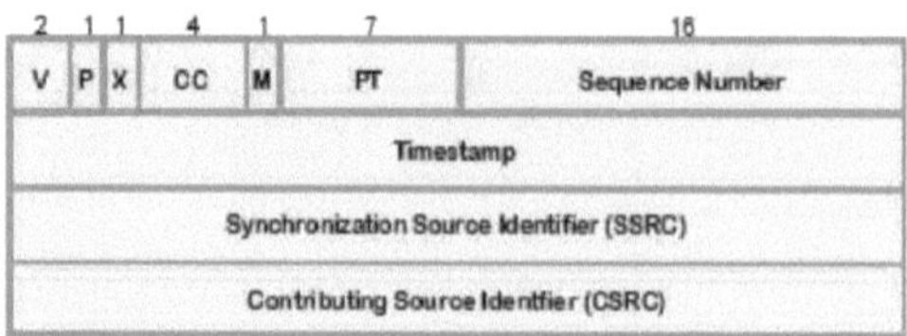

V Version 2
P Padding
X Extension
CC CRSC Count
M Marker
PT Payload Type (voice, video, compression, etc)

Figura 13 Pacote RIF

Este formato de pacote foi concebido para qualquer carga útil multimédia. Na aplicação de telefonia IP, são utilizados os seguintes parâmetros:

- O "tipo de carga útil" identifica a aplicação multimédia (modo), dado que cada modo utiliza uma codificação e um limiar de atraso diferentes.
- O "número de sequência" é inicialmente atribuído com um valor inteiro positivo aleatório e incrementado de um para cada pacote de dados RTP enviado. Assim, este campo pode ser utilizado pelo recetor para detetar a perda de pacotes e a reordenação no fluxo de dados.
- O "Timestamp" representa o instante de amostragem do primeiro octeto do pacote de dados RTP. Pode ser utilizado pelo recetor para medir o atraso e a instabilidade e determinar de forma adaptativa o tamanho da memória intermédia de reprodução. Normalmente, o carimbo de data/hora RTP é atribuído inicialmente a um valor aleatório e incrementado em um após cada período de amostragem.
- O "Synchronized Source ID" (SSRC) é útil quando a comunicação se destina a uma conferência multipartidária, na qual representa de forma única o indicador persistente de cada participante.

E. PROTOCOLO DE CONTROLO DO TRANSPORTE EM TEMPO REAL (RTCP)

Também definido no RFC 1889 [Ref 13], o RTCP é um protocolo de controlo de contrapartida do RTP. Fornece informações sobre o estado do tráfego na rede a todos os participantes na sessão. O mecanismo de transmissão do RTCP é diferente do do RTP. Uma vez que os pacotes RTP são enviados a cada intervalo de bloco. Por exemplo, uma fonte VoIP que utilize a norma G.723.1 envia pacotes de voz a cada 30 milissegundos. Por outro lado, os pacotes RTCP

são enviadas aproximadamente de 5 em 5 segundos. Enquanto as mensagens RTP podem ser enviadas unicast ou multicast, as mensagens RTCP são enviadas de cada participante (emissor ou recetor) na sessão de comunicação para todos os outros anfitriões nessa sessão específica. Os anfitriões podem reconhecer-se uns aos outros com base no identificador de origem (SSRC).

As informações fornecidas nas mensagens RTCP podem ser utilizadas para avaliar o desempenho da aplicação multimédia contínua em tempo real associada, uma vez que o RTCP comunica indiretamente a qualidade do serviço na rede. Cada bloco de relatório é enviado com as informações de gestão colectiva, como o último número de sequência recebido, o número de pacotes em falta e o jitter. No entanto, o RFC 1889 não especifica como utilizar estes valores.

A especificação do RTCP define cinco tipos de mensagens para transportar a informação de controlo: relatório do emissor, relatório do recetor, descrição da fonte, fim e função específica da aplicação. As duas mensagens mais utilizadas são o relatório do emissor (SR) e o relatório do recetor (RR). A mensagem SR é enviada a partir de uma fonte de transmissão, enquanto a RR é enviada a partir de um recetor numa sessão RTP. Estes dois formatos de pacotes RTCP são apresentados nas figuras 14 e 15.

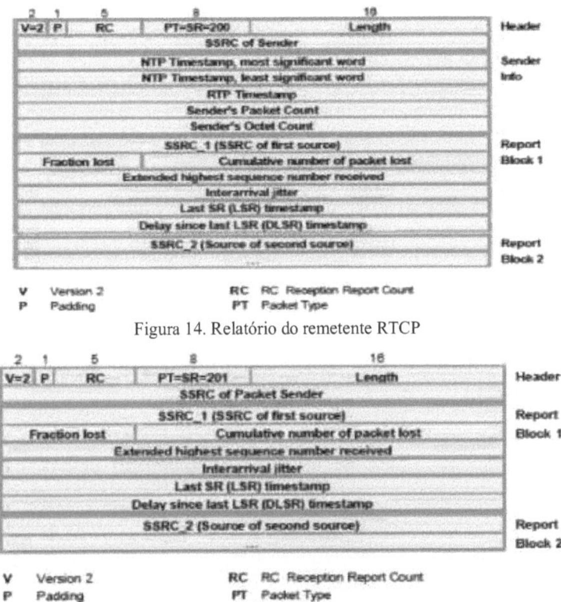

Figura 14. Relatório do remetente RTCP

Figura 15. Repartição do recetor RTCP

• O "carimbo de data/hora NTP" representa a hora local em que a mensagem SR foi enviada. Este carimbo de data/hora utiliza o formato do Network Time Protocol (NTP).

• "Sender's packet count" (contagem de pacotes do remetente) indica o número total acumulado de pacotes RTP enviados por este anfitrião desde o início da sessão. Conta até esta SR ser escrita. Por conseguinte, a diferença deste número em duas mensagens SR é o número esperado de pacotes RTP que o terminal de destino deve receber durante o período de tempo entre as gerações SR.

• A "contagem de octetos do remetente" indica o número total acumulado de bytes de carga útil RTP enviados desde o início da sessão.

• O "carimbo de data/hora RTP" corresponde ao mesmo tempo que o carimbo de data/hora NTP descrito acima, mas está na unidade de contagem de amostras.

A secção do relatório do recetor fornece os seguintes valores para cada fonte
(SSRC_1, SSRC_2, etc.):

• O "número de sequência mais elevado recebido" é derivado de todos os pacotes recebidos. A diferença deste número em dois RRs é igual ao número total de pacotes recebidos da fonte durante o período de tempo entre as gerações de RR.

• O "número acumulado de pacotes perdidos" é determinado a partir do número total de pacotes recebidos com êxito desde o início da sessão.

No entanto, este total não exclui os pacotes atrasados ou duplicados. O número total de pacotes transmitidos (igual ao número de sequência mais alto recebido menos o número de sequência inicial) subtraído pelo número total de pacotes recebidos dá o número acumulado de perdas de pacotes para a fonte. Se o número for negativo, este campo é definido como zero.

• O "jitter de inter-chegada" é comunicado na unidade de carimbo de data/hora RTP. Não se trata do jitter puro, mas sim do valor cumulativo do jitter.

• O "carimbo de data/hora do último SR" é extraído dos 32 bits intermédios do carimbo de data/hora NTP (total de 64 bits) no último pacote SR enviado pela fonte.

• "Atraso desde o último LSR" é o tempo decorrido calculado desde que a última mensagem SR foi recebida da fonte. Este valor pode ser utilizado pela fonte para determinar uma amostra de atraso de ida e volta.

F. NÚMERO DE PORTA RTP E RTCP

Tal como indicado no RFC 1889, o RTP e o RTCP utilizam o esquema de números de porta contíguos e aleatórios. Ambos utilizam o UDP como transporte. Cada tipo de suporte utiliza separadamente um par de portas UDP adjacentes (2n, 2n+1). O RTP ocupa o número par mais baixo (2n), enquanto o RTCP utiliza o número ímpar mais alto (2n+1).

G. PRIORIDADE DE TRANSMISSÃO

Na atual rede baseada em IP, o tráfego é, por defeito, encaminhado com um esquema de besteffort. Para agilizar a transmissão, os pacotes VoIP devem ser priorizados para um nível mais alto de serviço nas camadas 2 e 3. Atualmente, podem ser utilizadas ferramentas de classificação para marcar um pacote ou fluxo com um tratamento específico no dispositivo de comutação da rede.

A conceção VoIP da Cisco [Ref. 14] coloca a classificação do tráfego na extremidade da rede, normalmente no armário de cabos ou no telefone IP ou no terminal de voz. São implementadas duas classificações de pacotes em camadas separadas no equipamento Cisco.

- Camada 2 Classe de serviço (CoS) : Utiliza o bit de prioridade da parte 802.1p no cabeçalho 802.1Q, conforme ilustrado na Figura 16.
- Camada 3 Tipo de serviço (ToS) : Utiliza a precedência IP do Differentiate Service Code Point (DSCP) no campo Type of Service do cabeçalho IPv4, como mostra a Figura 17.

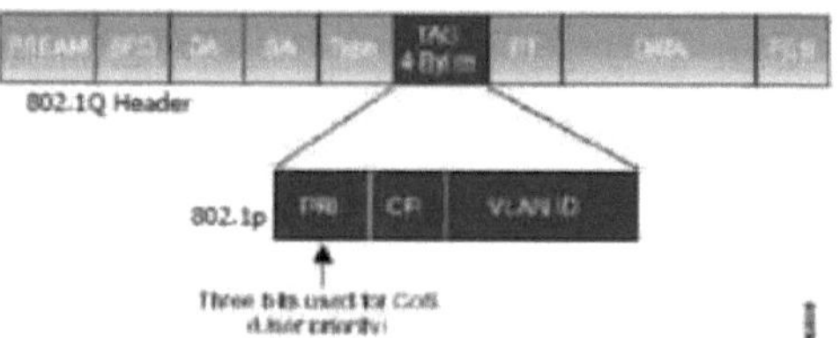

Figura 16. Definição da prioridade da camada 2 (de: Ref. 14)

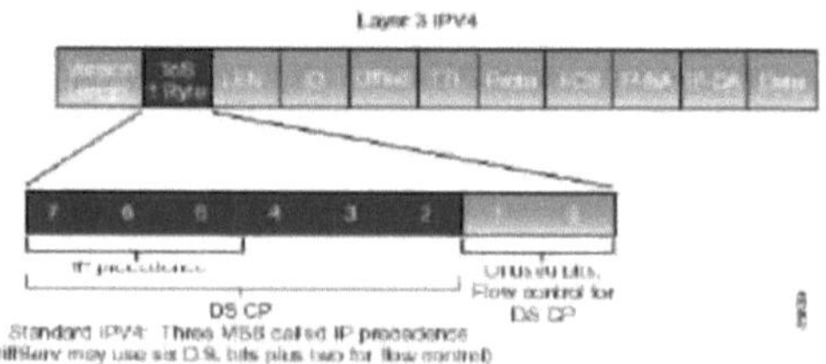

Figura 17. Definição da prioridade da camada 3 (de: Ref. 14)

Todos os pacotes RTP e RTCP do telefone IP são marcados com valores separados resumidos na Tabela 2. No entanto, para que este método funcione, os dispositivos IP em rota devem suportar o esquema de prioridade DSCP.

Tabela 2. Classificação da prioridade dos pacotes VoIP (Após: Ref 14)

Camada 2 CoS	Lauer 3 ToS				Cisco Re-Co mina nd
	Condição do pacote	Pie-cedência IP	Bit ToS?	DS CP	
CoS 0	Rjouline	0	CÛ3 :zzc 00	0-7	
CoS 1	Prioridade	1	001 iccc 00	**fi-15**	
CoS 2	Imediato	2	010 MŒ 00	16-23	

CdS J	Flash	3	Óleo Mzc 00	24-31	RTCP
CoS 4	Fbsh-orenide	4	103 cc 00	32-39	
CoS 5	Crítico	5	101 KJCC 00	4047	RTP
CoS 6	Internet	6	110 : zzc 00	■4S-55	
CdS 7	Netv.'-oik	7	111 xxz 00	36-63	

A Cisco planeia utilizar o valor DSCP de Expedited Forwarding (EF) para pacotes de voz e o valor DSCP de Assured Forwarding 31 (AF31) para tráfego de controlo.

2. TÉCNICA DE CONTROLO DE ERROS

Quando se transmitem pacotes de voz através da rede, as transmissões podem sofrer perdas de pacotes, atrasos, jitter, erros de bits e erros de rajada. Estes problemas podem ser resolvidos através do controlo da perda de pacotes e/ou do controlo de erros. Os métodos de controlo da perda de pacotes, como o RSVP, não podem garantir uma entrega totalmente sem perdas, mas tentam gerir os dispositivos de encaminhamento de modo a antecipar e servir, tanto quanto possível, as necessidades do fluxo designado. Por outro lado, um método de controlo de erros reage à perda de pacotes e a erros e tenta recuperá-los no recetor. [Ref. 17] Os métodos de controlo de erros podem ser classificados em dois tipos: ARQ e FEC.

3. Requisição de repetição automática (ARQ)

Esta técnica retransmite automaticamente os pacotes perdidos ou danificados quando o recetor detecta esses problemas no fluxo de dados. Por conseguinte, o controlo de erros é transparente para a camada de aplicação. No entanto, se os pacotes de voz forem retransmitidos, o atraso e o jitter podem aumentar significativamente. Por conseguinte, não é adequado para aplicações interactivas em tempo real.

4. Correção de erros de avanço (FEC)

Este método envia informação redundante suficiente para que a aplicação possa reconstruir os dados originais, mesmo que alguns pacotes se percam. Por exemplo, várias cópias do pacote de voz "n" podem ser duplicadas e enviadas juntamente com o pacote n+1, n+1,..., e n+k, em que k é o número total de pacotes redundantes, sem necessidade de retransmissão. A taxa de perda de pacotes, o atraso e o jitter são inferiores aos do ARQ. No entanto, a eficiência da largura de banda é menor. A Figura 18 mostra o padrão do quadro. [Ref. 17]

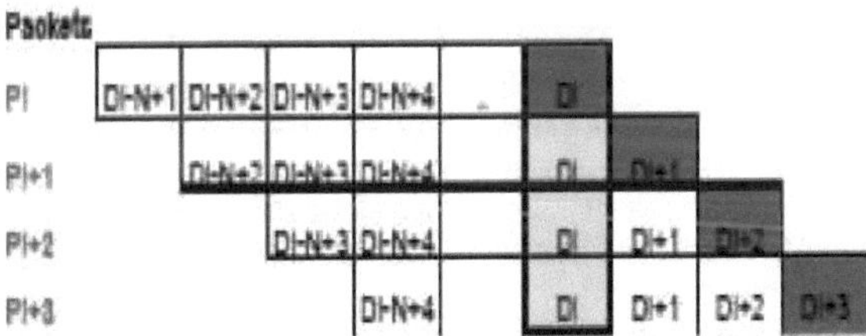

Figura IS. Padrão do fluxo de dados EEC

Capítulo 4

IV. DESEMPENHO DO VOIP

Uma vez que a VoIP foi concebida para emular os serviços de portagem, a qualidade da voz em pacotes é a principal preocupação. No ambiente atual, as redes públicas não podem garantir a fiabilidade e a qualidade de som da VoIP como a comunicação PSTN devido à limitação da largura de banda da rede. Para determinar o desempenho da VoIP, devem ser considerados vários factores. - Especificamente, o atraso, o jitter, a perda de pacotes e o eco. Este capítulo aborda estes factores e a origem da degradação da voz.

A. QUALIDADE DA VOZ

A qualidade da voz pode ser considerada como uma medida da fidelidade da voz, da inteligibilidade da voz ou da fiabilidade do mecanismo de transporte concebido. O International Engineering Consortium (IEC) [Ref 15] define a qualidade da voz (VQ) como as medidas qualitativas e quantitativas da qualidade do som e da conversação de um

Chamada telefónica. Os seus documentos técnicos também abordam algumas caraterísticas da VQ que são resumidas neste capítulo.

A qualidade da voz deve ser avaliada na perspetiva dos utilizadores finais. Os parceiros interactivos devem relatar a sua experiência sem se preocuparem com o equipamento de hardware e o método de transmissão. No entanto, esta qualidade perceptiva baseia-se nas expectativas, no contexto, na fisiologia e no estado de espírito dos utilizadores. Estes factores tornam a VQ altamente subjectiva e difícil de avaliar. Consequentemente, a IEC explica a avaliação da VQ comparando a VoIP com a PSTN, de modo a abranger todos os aspectos dos sistemas de portagens.

Em qualquer sistema de comunicação, a transmissão de voz é caracterizada por três componentes básicos de qualidade - serviço, som e conversação - em que cada componente se relaciona de alguma forma com os outros.

A qualidade do serviço depende da atividade do prestador de serviços

A estratégia e a ligeireza envolvem o aspeto técnico do desempenho da rede, incluindo o funcionamento dos dispositivos de rede. Os outros dois componentes, som e qualidade da conversação, estão relacionados com o desempenho da implantação da rede. Estes componentes estão resumidos no Quadro 3.

Tabela 3. Componentes da VQ (de: Ref. 15)

Qualidade do remetente	**Qualidade de som**	**Qualidade da conversação**
• serviços oferecidos • disponibilidade em qualquer zona • disponibilidade da rede - sem tempo de inatividade, sinal de ocupado • fiabilidade • preço	• volume • distorção • ruído • desvanecimento • diafonia	• Ruído de distorção de intensidade • fidinE • diafonia • ecto • atraso de ponta a ponta • desempenho do silêncio e da pressão • peifoimance de cancelamento de eco

De acordo com a definição de VQ, há três factores principais que influenciam a VQ da aplicação VoIP. O primeiro fator é a clareza, que é normalmente interpretada como a fidelidade, a nitidez, a ausência de distorção e a inteligibilidade do sinal de voz. O fator seguinte é o atraso extremo-a-extremo. O último fator é o eco. A integração destes três aspectos de qualidade representa o VQ completo, como mostra o gráfico tridimensional da Figura 19.

A relação entre cada componente apresenta o vetor de VQ. Como se pode ver neste gráfico, a VQ aumenta quando a parcela está mais próxima da origem das coordenadas.

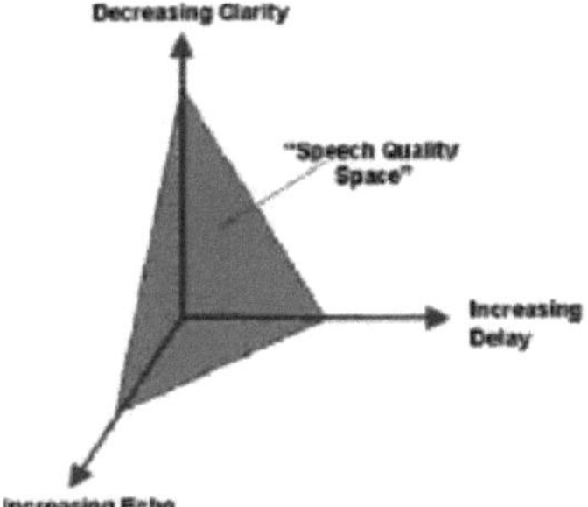

Figura 19. Relação dos componentes do VQ (De: Ref 15)

Em geral, estes três componentes de qualidade estão de alguma forma relacionados. Os principais componentes da clareza da voz - como a distorção e a fidelidade - são independentes do atraso; por exemplo, a voz pode ser clara durante um longo atraso ou pode ser irreconhecível durante um curto período de transmissão. Pelo contrário, o eco depende do atraso e também afecta a clareza da voz. O eco na rede não pode ser detectado com um atraso baixo porque não é suficientemente longo para ser distinguido da voz.
frase original do discurso. No entanto, a clareza degrada-se com um grande eco. A CEI utiliza este gráfico tridimensional para representar apenas o modelo concetual da VQ e não é utilizada qualquer fórmula matemática para explicar o vetor relativo da VQ.
De acordo com a sensibilidade humana típica, se apenas um destes componentes for detectado, o utilizador não consegue compreender o comportamento real e, por isso, normalmente, considera a VQ global como indesejável. Por outro lado, o prestador de serviços e o fabricante do equipamento de rede podem distinguir entre a distorção e o eco. Assim, para efetuar uma análise detalhada, cada componente deve ser considerado separadamente.

B. ATRASO

O maior desafio no desenvolvimento do VoIP é o atraso, porque causa dois problemas: eco e sobreposição do locutor. O eco deteriora a qualidade da comunicação quando o atraso de ida e volta excede os 50 milissegundos. Para fazer face a este problema, deve ser implementado um sistema de cancelamento de eco. Outro problema, a sobreposição de locutores, que é a situação em que um locutor fala enquanto o discurso do outro lado acaba de chegar, também interrompe a conversa.
A figura seguinte mostra a qualidade da conversação afetada pela experiência do utilizador em função do tempo de atraso da voz. Este gráfico indica que o atraso aceitável razoável varia entre 100 e 250 milissegundos.

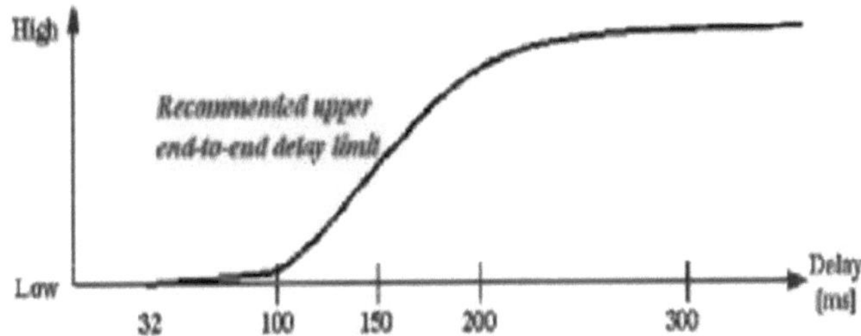

Figura 20. Efeito de atraso (De: Refl5)

A partir do momento em que o atraso unidirecional ultrapassa os 250 milissegundos, é detectado um problema significativo. Por conseguinte, pode dizer-se que o atraso extremo-a-extremo é o principal fator de limitação da qualidade da voz. Numa rede privada, um atraso de 200 ms é um objetivo razoável e 250 ms é um limite. [Ref 10] Os administradores da rede devem configurar o sistema para minimizar o atraso da voz. A recomendação G.114 da ITU-T resume três gamas de atraso unidirecional, como mostra a tabela seguinte:

Tabela 4. Especificações de atraso (de: Ref. 11)

Atraso (ms)	De scrip ção
0-150	Aceitável para a maioria das aplicações dos utilizadores
150-400	Aceitável, desde que o administrador esteja consciente do tempo de transmissão e do seu impacto na qualidade da transmissão das aplicações dos utilizadores.
Acima de 400	No entanto, é inaceitável para efeitos de planeamento geral da rede. Reconhece-se que, em alguns casos excepcionais, este limite será ultrapassado.

Nota: Estas recomendações destinam-se a ligações com eco adequadamente controlado por canceladores de eco. Os canceladores de eco são necessários quando o atraso unidirecional é superior a 25 ms.(G.131)

Canceladores. Os canceladores de eco são necessários quando o atraso unidirecional excede 25 ms.(G.131) A análise do atraso dos pacotes de voz categoriza cada componente de atraso em vários tipos, tais como codificador, acumulação, processamento, packetização, serialização, enfileiramento, comutação de rede, propagação e atraso de desvios. A Cisco explica estes atrasos no seu documento técnico e resume-os da seguinte forma. [Ref. 11]

1. Atraso no codificador ou no processamento

O atraso do codificador é o tempo que um processador de sinal digital (DSP) demora a comprimir um bloco de amostras PCM. Este atraso depende de um algoritmo de codificação de voz e da velocidade do processador. Geralmente, o tempo de codificação/compressão depende da carga momentânea do DSP. O exemplo do intervalo de codificação vocal G.729 (tamanho do bloco básico 10 ms) é ilustrado na Figura 21.

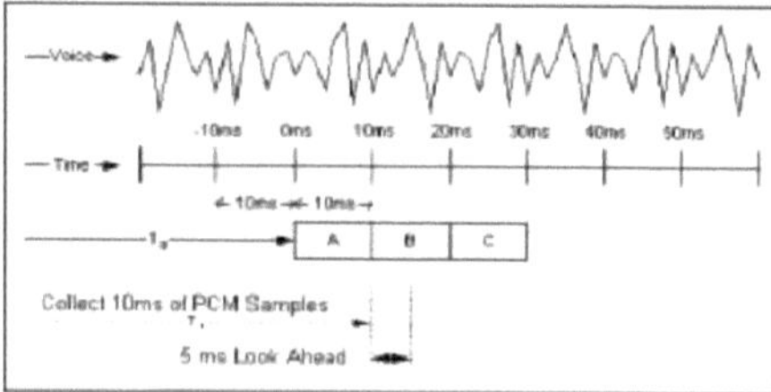

Figura 21. Compressão de voz (De: Ref 11)

Se assumirmos que existe um total de quatro canais de voz num DSP, a tabela seguinte apresenta o pior caso de tempo de compressão, que é quatro vezes superior ao melhor caso. A Cisco utiliza este cenário de pior caso na conceção do seu router para fins de conservação. [Ref. 11]

Tabela 5. Atraso do codificador ou do processamento (Após: Ref. 11)

Codificador	Tamanho do bloco de amostragem (ins)	Atraso do codificador (ins)	
		Melhor caso (1VC)	Caso não (4 VC)
G.723.1 6,3 kbps	30	5	20
5,3 kbp:	30	5	20
G.726	10	2.5	10
G729A	10	2.5	10

Notas: VC 15 Voz t~Brmr.pl em DSP

Além disso, o tempo de descompressão é aproximadamente 10% do tempo de compressão em cada bloco. É também proporcional ao número de amostras por fotograma.

2. Atraso algorítmico

Durante o período de codificação, alguns algoritmos exigem que o codificador olhe para o próximo bloco de voz "n+1" para obter algum conhecimento antes de processar o bloco de amostra "n". Este tempo algorítmico aumenta o atraso global. Uma vez que o tempo algorítmico ocorre repetidamente em cada bloco, é um valor constante, conforme indicado na Tabela 6.

Tabela 6. Atraso Algorítmico (De: Ref 11)

Codificador	**Atraso algorítmico (ms)**
G.723.1	7.5
G.726	0
G.T29A	5.0

3. Atraso de Packetização ou Acumulação

Este atraso é o tempo que o vocoder demora a preencher uma carga útil do pacote com voz codificada/comprimida. Depende do número de blocos de voz acumulados em cada quadro de voz individual. A Cisco recomenda que o atraso de packetização seja inferior a 30 milissegundos. Em geral, o codificador G.729A coloca dois ou três blocos de voz num quadro, enquanto o G.723.1 coloca apenas um bloco. A tabela seguinte calcula o atraso de acumulação com base no tamanho da carga útil e no número de blocos de voz.

Tabela 7. Pacbetizalio u Atraso

Codificador	**Número de blocos por fotograma**	**Tamanho da carga útil (bytes)**	**Packetização Atraso (ini)**
G.711	2	160	20
	3	340	30
G.723.1 6.3 Lbp:	1	24	30
	2	48	60
5,3 tbp:	1	20	30
	2	40	60
G.726	2	80	20
	3	120	30
G.729A	2	20	20
	3	30	30

Como já foi referido, as amostras de voz requerem o tempo de processamento, o tempo algorítmico e o tempo de packetização. No entanto, esses atrasos se sobrepõem como uma natureza de pipelining e devem ser deduzidos. O exemplo de cálculo apresentado no cenário da Figura 22 assume que não existe atraso

algorítmico e utiliza o melhor caso de atraso de processamento.
Obviamente, o resultado mostra que o principal componente do atraso de pipelining é o tempo de packetização.

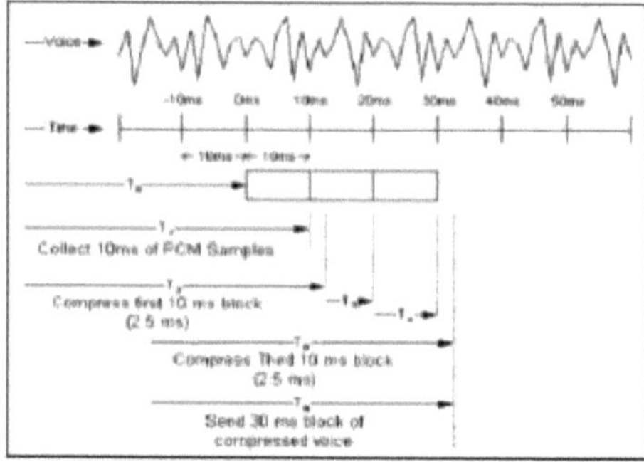

Figura 22. Natureza do Pipelining (De: Ref 11)

4. Atraso de serialização

O atraso de serialização é um número fixo de tempo para enviar voz ou quadro de dados para a interface de rede. Este valor está diretamente relacionado com a taxa de relógio do tronco. A tabela seguinte apresenta o tempo de serialização.

Tabelas. Atraso de serialização (unidade: milissegundos)

Tamanho da linha (bytes)	Velocidade da linha				
	64]Jbp:	kbps	SI 2 kbps	1 Mbps	10 W.
64	B	2	1	0.5	0.05
256	32	8	4	2	0.2

5. Atraso de enfileiramento/buffering

O atraso na fila de espera varia, uma vez que depende da velocidade do tronco e do estado da fila. É o tempo que demora quando o quadro de voz está à espera num buffer antes de ser transmitido para a rede. Uma vez que tem a prioridade mais elevada, o pacote de voz deve esperar apenas pelo quadro de dados em transmissão ou por um quadro de voz pendente na fila. O atraso estimado do buffer pode ser calculado adicionando o tempo de serialização de um quadro de voz com a multiplicação da probabilidade de um quadro de dados em espera e o tempo de serialização de um quadro de dados.

6. Atraso de comutação da rede

O atraso na comutação de rede na rede pública é a maior parte do atraso da telefonia na Internet. Não é fácil de calcular, uma vez que há muitos factores envolvidos. Este atraso consiste na componente fixa, como o tempo de propagação, e na componente variável, como o tempo de enfileiramento do comutador. A norma G.114 recomenda a utilização do tempo de propagação aproximado de 10 microssegundos por milha ou 6 microssegundos por km. Em uma rede típica de operadoras americanas, o atraso da conexão de retransmissão de quadros é de aproximadamente 40 ms fixos e 25
ms para um pior caso total de 65 ms. A quantidade de atraso no router depende da sua configuração, desempenho, capacidade e carga. Existe uma regra geral para utilizar um atraso de 10 ms em cada router [Ref. 16].

C. CLAREZA

O segundo componente da VQ, a clareza da voz, é caracterizado pelo nível de fidelidade perceptiva, clareza, não distorção e inteligibilidade. Estes significados são subjectivos e vagos; por exemplo, mesmo que o sinal de voz esteja altamente distorcido, é possível compreender todo o contexto da conversação devido ao senso comum da conversação interactiva humana.
A quantificação da clareza da voz é bastante complexa e depende de muitos factores. Por exemplo, a banda de frequência é sensível ao reconhecimento do conteúdo do discurso, - os ouvidos humanos são mais sensíveis à

distorção de 1000 a 1200 Hz do que à banda de 250 a 800 Hz, a frase completa é mais inteligível do que a série de palavras não relacionadas. Entre as várias preocupações subjectivas, a clareza da transmissão de pacotes de voz depende da perda de pacotes, do jitter, do codec, do ruído, do detetor de atividade vocal e do ambiente externo.

1. Perda de pacotes

Uma vez que a rede IP não garante o nível de serviço e o mecanismo de transmissão UDP não promete a conclusão da entrega, a perda de pacotes é normalmente registada no tráfego de voz, especialmente nos picos de carga e no período de congestionamento. Se a perda de pacotes for superior a 5%, a qualidade da conversação em é significativamente afetada [Ref. 16].

Para atenuar o impacto da perda de quadros de voz, são utilizados os três mecanismos seguintes. [Ref 10] O primeiro método consiste em interpolar os pacotes de voz perdidos, reproduzindo o último quadro recebido antes da perda. Este método é simples e adequado para as perdas pouco frequentes. No entanto, não é bom para a perda intermitente. O método seguinte consiste em enviar a informação redundante juntamente com o tráfego normal. Esta abordagem é designada por esquema de correção de erros em avanço (FEC), abordado mais adiante. No entanto, consome mais largura de banda.

A moldura de voz "n" é duplicada e enviada juntamente com a moldura "n+1, n+2,...", dependendo do tamanho da janela. Este método pode resolver eficazmente o problema das perdas, mas pode provocar um atraso maior.

O último método consiste em utilizar a abordagem híbrida dos métodos anteriores. Requer menos Largura de banda do que a abordagem FEC. No entanto, o problema do atraso mantém-se.

2. Jitter

O jitter é um tempo de chegada variável entre pacotes introduzido na rede. A memória intermédia de amargor é atribuída nos encaminhadores de extremidade distante para suavizar o sinal de voz antes de este sair da rede. Esta memória intermédia transforma o atraso variável num valor constante, mantendo acumulada a primeira amostra recebida durante um determinado período antes de a enviar. Este período é designado por atraso inicial.

Se a memória intermédia for excedida, provoca um hiato de voz. Se a memória intermédia for excedida, provoca a queda do pacote, o que também gera um intervalo de silêncio. Assim, o tempo de reprodução inicial ótimo é igual ao atraso total variável ao longo do percurso da ligação.

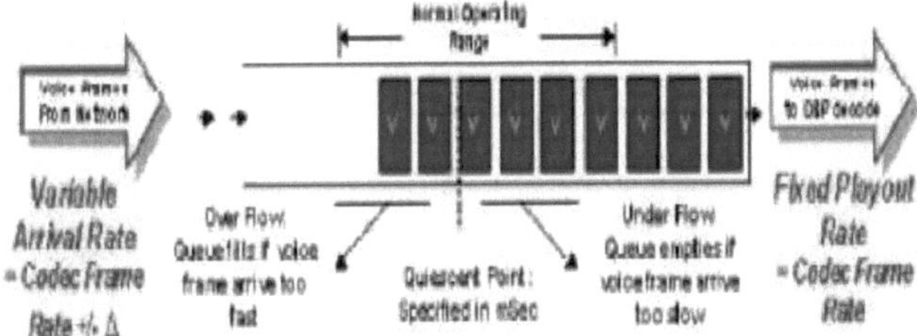

Figura 23. Funcionamento do buffet de desjustagem (de: Ref. 11)

Para otimizar o tamanho da memória intermédia, esta deve ser ajustável. A primeira abordagem adaptativa consiste em medir a variação do número de pacotes armazenados na memória intermédia de desvios durante um período de tempo e adaptá-la progressivamente. Este método é adequado para redes consistentes, como a ATM. A segunda abordagem consiste em calcular o rácio de ajustamento e utilizar este número para ajustar o tamanho da memória intermédia. É necessário um mecanismo para contar o número de chegadas tardias Packets e dividi-lo pelo número de pacotes processados com êxito. Esta abordagem adequa-se a ambientes com elevado jitter de inter-chegada, como as redes IP. [Ref. 10]

3. Codec

O codec, tal como explicado no capítulo anterior, efectua a função de compressão e de packetização. Os algoritmos de compressão implementados em diferentes codecs oferecem diferentes distorções da fala, uma vez que não preservam igualmente a importância percetual do sinal de áudio. Esta importância perceptiva é sensível à fisiologia humana e à psicologia cognitiva. Como resultado, diferentes codecs geram formas de onda diferentes para o ouvinte. Entre os vários algoritmos de codificação, o codec linear, G.711, é raramente utilizado devido ao elevado consumo de largura de banda. Por outro lado, o codec não linear mais popular, G.723.1, não consegue reproduzir completamente o discurso original, o que provoca distorção da voz na maioria das aplicações VoIP. Uma vez que as diferentes técnicas de compressão exigem diferentes capacidades e tempos de computação, a seleção do codec também afecta o atraso.

4. Ruído

O ruído é gerado por erros de bits nas linhas de transmissão de dados ou nas linhas analógicas. Uma vez que o ruído existe antes de a fala ser digitalizada, é sempre incluído pelo codec no sinal e causa distorção de clareza.

5. Detetor de atividade vocal

O detetor de atividade vocal (VAD) ou supressão de silêncio é utilizado para otimizar a largura de banda da ligação. Funciona no lado do emissor e pode adaptar-se a diferentes níveis de ruído e de voz. Como a conversação humana é normalmente halfduplex, o VAD pode poupar 50% da largura de banda necessária. O seu comportamento é apresentado nas figuras seguintes.

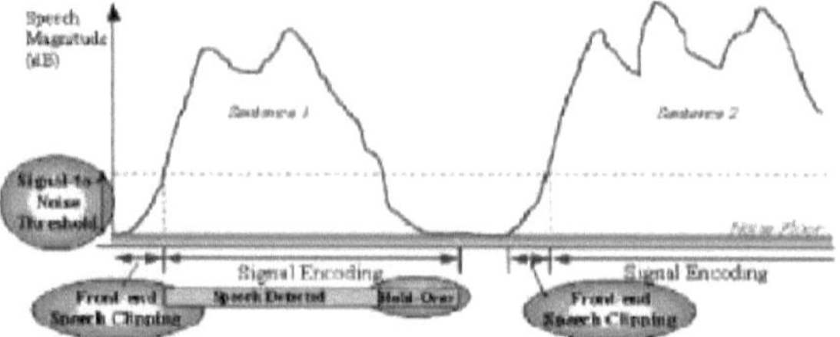

Figura 24. Comportamento do VAD (de: Ref. 15)

O VAD verifica o padrão de fala e remove a parte não importante do sinal descomprimido. Assim, pode inadvertidamente eliminar o conteúdo da fala e diminuir a inteligibilidade da conversação. Demasiado recorte frontal (FEC) torna o sinal difícil de compreender. Demasiado tempo de espera (HOT) reduz a eficiência da rede, ao passo que um tempo de espera demasiado pequeno provoca cortes no discurso. Finalmente, o gerador de ruído de conforto (CNG) é utilizado para fornecer o sinal durante os períodos de silêncio. O CNG deve ser combinado com o verdadeiro ruído de fundo para produzir corretamente o VQ.

6. Ambiente

Alguns factores ambientais podem fazer com que o ouvinte se sinta desconfortável com a conversação por voz, mesmo que a qualidade do áudio seja bastante boa. Estes factores são o ruído ambiente, a disposição do utilizador e as suas expectativas.

D. ECHO

O eco resulta das reflexões de sinalização da voz do altifalante do telefone para o microfone do telefone. É gerado a partir de uma ligação heterogénea, especialmente de uma ligação de quatro fios (cabo digital) para uma ligação de dois fios (telefone). Esta ligação é normalmente efectuada no comutador local. Se a impedância entre cada secção não corresponder exatamente, o sinal de entrada é realimentado no sinal de saída. Geralmente, os sinais continuam a circular entre dois amplificadores e produzem eco se o atraso unidirecional for de aproximadamente 20-25 milissegundos [Ref 16]. O eco também pode ser criado a partir do problema acústico entre o altifalante e o microfone. É o chamado eco acústico. Se o nível de eco for inferior a -25 dB, pode não ser detectado.

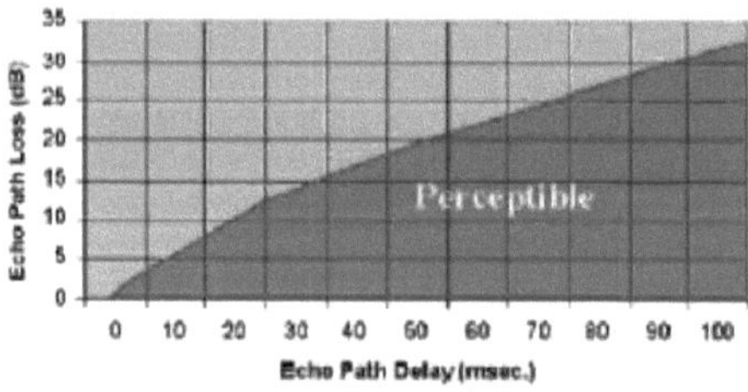

Figura 25. Relação entre o nível de eco, o atraso e a perceção (de: Reflî Assim, o eco na rede de comutação de pacotes geralmente causa um problema porque o tempo de ida e volta é sempre maior que 50 ms. Para eliminar esse eco, o aplicativo requer um tipo especial de cancelamento de eco, chamado de cancelamento de eco de extremidade distante ou de extremidade traseira e, caso contrário, a fala não pode ser entendida. A norma ITU G.165 explica os requisitos do cancelador de eco.

O cancelador de eco é fornecido no gateway VoIP ou no terminal, normalmente fechado ao anfitrião de cauda. Utiliza um modelo matemático para estimar o eco esperado e eliminá-lo do sinal de voz transmitido. Pode adaptar-se às condições do sinal e do circuito.

E. MECANISMO DE CONTROLO DO DESEMPENHO

Como já foi referido, o desempenho do VoIP depende principalmente da largura de banda da rede. Funciona muito bem numa rede privada, mas não num ambiente público. Além disso, a configuração do dispositivo de comutação de rede pode eliminar o estrangulamento numa determinada área. Para resolver o problema da ligação de baixa velocidade, a Cisco introduz o mecanismo de controlo que se segue: [Ref 14]

1. Congestionamento

O congestionamento provoca atrasos e jitter. Ele pode ser minimizado com o uso de enfileiramento inteligente, que incorpora enfileiramento justo ponderado (WFQ), precedência de IP, RSVP, buffer de jitter adaptável e fila de prioridades.

2. Pacote de residência

Se forem colocados em fila grandes pacotes, o congelamento é lento. Por isso, é melhor utilizar a técnica de intercalação, a redução do tamanho da MTU do IP e o buffer de jitter adaptativo.

3. Consumo de largura de banda

Esta situação é um problema quando se utiliza um cabeçalho demasiado grande numa ligação baixa. Pode ser resolvida através de uma técnica de compressão aplicável ao codec e ao cabeçalho RTP.

4. Inconsistência de tráfego WAN

Este é um problema de excesso de subscrição e de rebentamento. Para minimizar o problema, o administrador da rede tem de utilizar a gestão do tráfego, como a modelação do tráfego do router, o canal virtual privado de alta prioridade, a fragmentação da ligação e a elegibilidade para a eliminação de dados.

Todas as soluções devem ser cuidadosamente consideradas e adaptadas a cada rede. A avaliação do desempenho é necessária após a implementação do projeto VoIP.

Capítulo 5

V. MEDIÇÃO DO DESEMPENHO

Nos últimos anos, muitos investigadores efectuaram estudos de medição do desempenho da VoIP. É importante conhecer a capacidade da infraestrutura de rede antes de implementar uma aplicação VoIP; caso contrário, a aplicação pode não oferecer os benefícios esperados. Para avaliar o nível de serviço, é necessário determinar todos os factores de desempenho referidos anteriormente.

A. MEDIÇÃO DE VQ

Para medir a VQ, devem ser analisados os seguintes componentes de qualidade - clareza, atraso e eco. A CEI [Ref. 15] resume a avaliação da VQ na seguinte diretriz.

1. Medir a clareza

Um bom método para quantificar a VQ é utilizar um grande grupo de testadores num ambiente controlado. A clareza é determinada diretamente a partir da audição do utilizador. No entanto, este método é moroso e pouco flexível.

Outro método denominado medição percetual da qualidade da fala (PSQM) é recomendado na norma ITU-T P.861. O método PSQM foi concebido para ser um ouvinte humano automatizado que pode avaliar objetivamente a qualidade da fala na gama de largura de banda de 300 a 3400 Hz. Este método de medição centra-se na distorção, no efeito de ruído e na fidelidade perceptiva global. A versão mais recente, designada PSQM+, correlaciona a distorção com os valores da pontuação média de opinião (MOS).

O terceiro método é designado por sistema de medição da análise perceptiva (PAMS). É desenvolvido com base no modelo PSQM, mas permite a repetição do teste. O seu algoritmo de processamento do sinal é mais eficaz. O PAMS gera uma pontuação de qualidade de audição e uma pontuação de esforço de audição, ambas susceptíveis de serem correlacionadas com o MOS.

Além disso, o VAD pode ser medido diretamente utilizando um sinal de teste simulado. As correspondências FEC, HOT e CNG devem ser avaliadas. Este teste é bastante complicado porque lida com os sinais da banda de voz em diferentes tons de dina traçadores.

2. Atraso de medição

Para analisar a qualidade da voz, o atraso extremo-a-extremo pode ser avaliado separadamente da clareza, porque o atraso não afecta o som da conversação vocal; apenas perturba o ritmo e irrita a sensação de comunicação. A CEI publica dois métodos para medir o atraso: PING acústico e MLSNCC.

O Acoustic Packet Internet Groper (PING acústico) é a técnica de medição que utiliza um pico de áudio estreito para representar o pacote de voz. Este pico é enviado para o destino para medir o atraso de ponta a ponta. No entanto, pode sofrer interferências de ruído, atenuação e perda de pacotes. Assim, o PING acústico deve ser utilizado juntamente com outros métodos para tornar o resultado mais exato.

A correlação cruzada normalizada de sequência de comprimento máximo (MLSNCC) é a técnica utilizada para verificar o PING acústico. Utiliza DSP para enviar um sinal de teste especial, semelhante a ruído branco, através da rede. O ruído MLS é repetível e previsível. Em seguida, um sinal recebido e o original são analisados para calcular o atraso de ponta a ponta. O resultado deste método é mais exato do que o PING.

No presente estudo, são introduzidas mais duas medições de atraso, efectuando o cálculo diretamente a partir dos tempos de transmissão RTP e RTCP. Os pormenores são explicados na secção C.

3. Medição do eco

Para determinar o eco, é necessário compreender o nível de eco e o tempo de retorno do eco. A perda de retorno do eco (ERL) é a quantidade de atenuação antes de o eco chegar ao recetor. O projeto de cancelamento de eco requer o valor da ERL e do atraso do eco. Assim, o desempenho do cancelamento de eco deve ser avaliado. Este pode ser testado com os seguintes parâmetros: tempo de convergência, profundidade de cancelamento e robustez da conversa dupla.

Uma forma de testar o eco é utilizar uma medida subjectiva chamada Perceived Annoyance Caused by Echo (PACE). Os utilizadores relatam o quanto o eco prejudica a conversação. A ITU-T explica dois algoritmos para avaliar o eco: o primeiro é testar com ruído branco na recomendação G.165, e o outro é testar com a frequência do sinal na recomendação G.168. No entanto, estes métodos só são adequados para um ambiente de laboratório com um codec linear. Por outro lado, os algoritmos PSQM e PAMS podem ser aplicados para medir o eco em redes reais.

B. MÉTODOS DE MEDIÇÃO

De um modo geral, o desempenho dos pacotes de voz pode ser determinado por testes objectivos e subjectivos. A medição subjectiva envolve o sentimento humano. Cada avaliador ouve uma comunicação de voz ao vivo ou gravada e atribui uma pontuação satisfatória. Uma vez que o valor do desempenho é dado diretamente pelas pessoas, é aceitável medir um sistema de telefonia. No entanto, é moroso e dispendioso, uma vez que é necessário afetar muitos recursos para produzir um resultado preciso. Por outro lado, a medição objetiva é utilizada para avaliar a qualidade da fala, calculando a distorção quantitativa entre o sinal original e o sinal recebido. [Ref 18]

Uma vez que a avaliação pode ser realizada com uma abordagem objetiva ou subjectiva, a melhor prática é integrar ambos os factores, porque o principal objetivo da conceção da telefonia IP é apoiar comunicações interactivas e sensíveis ao tempo. No entanto, esta abordagem combinada não é fácil de implementar.

Para medir o desempenho da VoIP, os testes podem ser efectuados com a voz real ou com voz virtual (simulada). Cada abordagem tem uma vantagem diferente e pode ser explicada da seguinte forma.

1. Medição com voz virtual

A abordagem para testar o desempenho da telefonia IP com voz simulada é básica e simples. É sobretudo adoptada nas primeiras investigações nesta área. Uma vez que não é necessária a participação humana direta durante o teste, é flexível para qualquer ambiente de rede. O discurso virtual é gerado por computador utilizando programação de rede, em que a parte da carga útil do pacote de voz pode ser qualquer fluxo de bits. Os conteúdos importantes - cabeçalho RTP, UDP e IP - contêm informações sobre o desempenho da rede, como o atraso,

Jitter e perda de pacotes.

Esta abordagem é classificada em três métodos: simulação de modelos, medição direta e medição baseada em agentes.

a. Simulação de modelos

Este método simula todos os terminais e dispositivos de comutação num software de modelação. As propriedades e o comportamento de cada nó podem ser configurados de acordo com o cenário de teste. A precisão da aplicação depende da conceção da fila de espera e da máquina de estados finitos. O exemplo deste modelo é o OPNET.

b. Medição direta

Para medir o desempenho diretamente, o pacote de voz é gerado e transmitido na rede real ou num simulador de canal dedicado. O teste pode incluir um comutador de escritório central, um gateway e um gatekeeper. Uma vez que o pacote de voz pode ser manipulado numa fonte, é bastante flexível derivar a saída de uma informação de cabeçalho. Após a avaliação, os dados analíticos recolhidos num recetor são comparados com os dados de origem. Finalmente, os parâmetros de desempenho - como atraso, jitter, perda de pacotes e desordem de pacotes - podem ser determinados.

A principal desvantagem deste método é que só pode medir os parâmetros objectivos e não os subjectivos. Por conseguinte, é normalmente utilizado para medir o desempenho da rede e não o desempenho da VoIP. No entanto, a correlação do modelo E, discutida mais adiante, pode resolver este problema.

c. Medição baseada em agentes

Este método utiliza um conceito semelhante ao da medição direta, mas utiliza o software baseado em agentes para realizar o teste autónomo. Normalmente, pode ser testado numa rede de grande escala como a WAN. Para realizar um teste, é escrito um software acessório para se comportar como um ponto final e uma consola de avaliação. Em seguida, são instalados vários agentes de endpoint nos computadores designados em diferentes locais de teste. Como o software é autónomo, cada agente pode emular o comportamento do codec e formar os pacotes de voz virtuais. Também é capaz de gerar várias chamadas de acordo com a programação de chamadas predefinida. No local do servidor, uma consola de avaliação serve de coordenadora de todos os agentes dos pontos terminais. Incorpora a base de dados do avaliador que contém o guião do codec, a programação da chamada e o resultado da execução do teste. Quando o teste começa, a consola de avaliação estabelece uma ligação com todos os agentes de terminal através de TCP. Envia um script de chamada indicando um codec, um grupo de chamadas e uma agenda de chamadas para os outros terminais. Em seguida, cada terminal começa a gerar a ligação com o

outros terminais com RTP. O ponto final também detecta a chamada de entrada e mede os parâmetros de desempenho. Estes parâmetros calculados são enviados via TCP para a consola do assessor e armazenados na base de dados do assessor. O exemplo deste método de medição é o avaliador NetIQ. [Ref. 19] Com esta abordagem, o atraso, o jitter e a perda de pacotes podem ser determinados a partir da base de dados. No entanto, os parâmetros subjectivos não podem ser avaliados diretamente. Baseia-se no método de tradução utilizando o Emodel.

2. Medição com voz real

Para testar com a voz real, os discursos gerados por humanos são digitalizados em pacotes de voz para avaliação do desempenho. A avaliação dá-nos o desempenho da rede, do esquema de codificação e de alguns comportamentos de comunicação. Tanto a avaliação subjectiva como a

pode ser derivado um fator objetivo. A voz real é classificada como discurso pré-gravado e conversação em direto.

a. Voz pré-gravada

Os discursos reais são gravados num ambiente dedicado antes de serem comprimidos com diferentes codificadores. Os ruídos de fundo, como os de carros, vento, eco de sala ou conversas de pessoas, podem ser incluídos num teste. Este teste foi concebido para medir alguns parâmetros de desempenho, pelo que cada pacote de voz pode ser modificado com diferentes taxas de erro de bits, taxas de erro de explosão, rácio sinal/ruído e período de silêncio. Consequentemente, os cenários de teste são formados com base na combinação destes factores. Depois de cada voz ser transmitida e os ouvintes a avaliarem, os resultados são comparados com a linha de base. A vantagem desta abordagem é que pode medir o desempenho subjetivo, como o Mean Opinion Score (MOS) do estado da rede. Além disso, pode testar os parâmetros objectivos; por exemplo, a codificação, a taxa de erro de bits, a taxa de erro de rajada, a relação s/n, a percentagem de voz de fundo, o período de silêncio, o erro de ligação , o nível de carga da ligação, a taxa de dados, o cancelamento do eco, a supressão do silêncio e a eficiência da largura de banda. Este método é adequado para analisar uma aplicação em tempo real; não uma aplicação "interactiva" em tempo real. Esta avaliação deve ser efectuada em ambiente fechado para limitar o número de parâmetros. Se o teste for efectuado na rede pública aberta para incorporar o ambiente real, o atraso será grande e não consistente devido à flutuação do tráfego.

b. Conversa em direto

O teste com comunicação em direto amplia as vantagens do teste em discurso pré-gravado com a pontuação interactiva. Cada participante avalia a conversa com base na continuidade do discurso, na resposta rápida, no intervalo de silêncio, no eco e no ruído. A pontuação qualitativa do serviço é estimada de acordo com o intervalo numérico designado. A pontuação média de todos os sujeitos representa o valor do desempenho do VoIP. O teste mais aceitável é o MOS.

A medição em comunicações reais também pode ser utilizada para um teste objetivo. Requer alguns cálculos sobre o conteúdo do cabeçalho do pacote. O atraso, o jitter e a perda de pacotes podem ser determinados a partir do pacote RTCP. Em seguida, todos os parâmetros podem ser convertidos em MOS utilizando o modelo E.

3. Comparação dos métodos de medição do desempenho

O quadro seguinte compara cinco abordagens de medição.

Tabela 9. Comparação das médias de desempenho VoIP

Desempenho Mea :ur einent	Voz virtual			Voz real	
	Modo] Simulação	Direto Um tesouro	Agente Bared	Pré-gravado	Em direto Conversação
Variável de controlo do ensaio Codificação	N	Y	Y	Y	Y
Taxa ELTOT	Y	Y	N	Y	N
Compressão de silêncio	Y	N	N	Y	N
Dados Kate	Y	Y	Y	Y	Y
Cancelamento de eco	Y	N	N	N	Y
Nível de carregamento da ligação	Y	Y	N	Y	N
Fundo de voz.	N	N	N	Y	N

Tipo de teste Objetivo Me-asu r einem Atraso	Y	Y	Y	Y	Y
Jitter	Y	Y	Y	Y	Y
Pacote Loa	Y	Y	Y	Y	Y
Medição subjectiva MOS	N	N	N	Y	Y
Valor K	N	Y	Y	Y	Y

C. MEDIÇÃO DO ATRASO

Como discutido no capítulo anterior, há vários componentes de atraso envolvidos na aplicação VoIP. Alguns componentes são constantes, como o tipo de codificação, enquanto outros variam, como a velocidade da ligação, o buffer de enfileiramento ou outros factores. No entanto, para medir o desempenho, todos os elementos de atraso devem ser integrados num único parâmetro de atraso. A principal parte do atraso a que a maioria dos investigadores presta atenção é o atraso de propagação entre terminais. Espera-se que esta latência seja inferior a 250 milissegundos, caso contrário a qualidade da voz é má. Para medir este atraso, o RFC 1889 explica um método de cálculo simples para determinar um atraso de ida e volta, utilizando o conteúdo da mensagem RTCP.

1. Informações de tempo RTCP

Para medir o tempo de ida e volta, o RTCP, enquanto companheiro de controlo do RTP, é a ferramenta adequada para fornecer a informação sobre o atraso de amostragem. De acordo com o RFC 1889, as mensagens RTCP são enviadas de cada anfitrião para todos os outros participantes na mesma sessão. Os pacotes de controlo são enviados com um intervalo ligeiramente diferente. De cada vez, o intervalo é aleatório, com um mínimo de 5 segundos, para evitar pacotes RTCP em excesso e sincronização não intencional de todos os participantes. Sempre que uma mensagem é enviada, o carimbo de data/hora da fonte é determinado e registado num cabeçalho de pacote. No

são fornecidos dois valores de carimbo de data/hora, o carimbo de data/hora NTP e RTP.

O carimbo de data/hora RTP não pode ser utilizado para derivar o tempo de atraso porque é registado num formato de amostragem instantânea. No entanto, é utilizado para manter a sincronização e calcular um jitter. [Ref. 20]

Por outro lado, o carimbo de data/hora NTP, que é a hora do relógio de parede formatada em

O número de ponto fixo sem sinal de 64 bits pode ser utilizado para derivar o atraso. Como indicado no RFC 1305 [Ref 21], trata-se de um tempo relativo às 0h de 1 de janeiro de 1900, registado no formato total de 64 bits. A palavra mais significativa de 32 bits no relatório do emissor é o número inteiro e a parte da fração está contida na palavra menos significativa de 32 bits. Assim, a precisão temporal deste formato é de cerca de 200 picossegundos.

A Figura 26 ilustra o comportamento incremental do carimbo de data/hora RTP e NTP. Enquanto o NTP aumenta sempre, o RTP pode parar durante o intervalo de silêncio ou o período de não amostragem. Consequentemente, não existe uma relação direta entre os dois números.

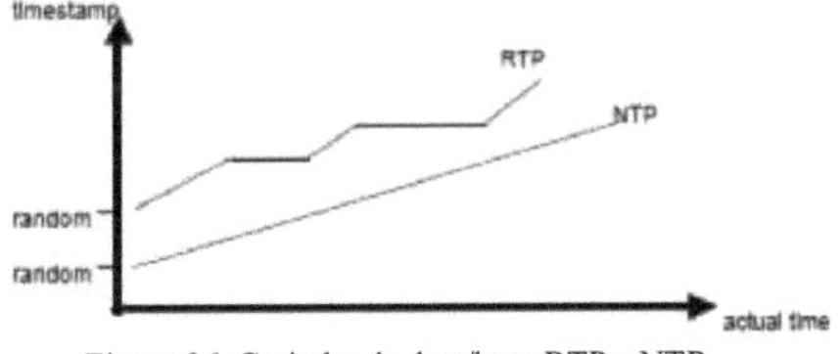

Figura 26. Carimbo de data/hora RTP e NTP

2. Sincronização do relógio

Antes de começar a calcular um atraso utilizando um carimbo de data/hora NTP, todos os relógios dos terminais têm de estar sincronizados. Isto pode ser conseguido sincronizando-os com um deles ou com o servidor de tempo padrão. A sincronização da hora processa-se normalmente com um destes dois Protocolos padrão, NTP e SNTP.

O Simple Network Time Protocol (SNTP), como explicado no RFC 1769 [Ref 22], é uma versão simplificada do Network Time Protocol (NTP) com menor grau de exatidão, mas a um nível aceitável. Como requer menos Com um cálculo complicado, o SNTP é implementado no módulo de tempo do sistema do Windows 2000 Server, o W32Time. A principal razão pela qual a plataforma Windows não utiliza o NTP é o facto de não exigir uma precisão tão elevada. A capacidade de sincronização de um protocolo de tempo depende do hardware e da conceção do sistema operativo. A granularidade do relógio do sistema Windows 2000 é aproximadamente de 10 em 10 milissegundos. Então, não importa qual protocolo de tempo é usado na plataforma Windows, ele não pode ter uma precisão maior que 10 milissegundos. Na sua conceção, o W32Time utiliza uma sincronização flexível, controlando a hora em todos os relógios da empresa num intervalo de 20 segundos, e em todos os relógios de um local num intervalo de 2 segundos. [Ref. 23]

3. Atraso de amostragem

Como explicado no RFC 1889 [Ref 13], depois de todos os relógios dos terminais estarem sincronizados, o atraso de ida e volta pode ser calculado a partir dos campos LSR e DLSR. O primeiro campo, o carimbo de data/hora do último relatório do remetente (LSR), como os 32 bits intermédios do carimbo de data/hora NTP (total de 64 bits) é derivado, no recetor, do SR mais recentemente recebido e colocado na mensagem correspondente SSRC. Uma vez que o LSR é único em cada sessão para cada SR, devido à precisão temporal do formato NTP, o LSR pode ser utilizado para identificar o pacote SR [Ref. 20]. O segundo campo, Delay since last SR (DLSR), é o tempo decorrido entre a receção do último pacote SR do SSRC e o retorno da mensagem RR subsequente. Este tempo decorrido é comunicado no formato 1/65536 segundos, pelo que oferece uma granularidade temporal de cerca de 15 microssegundos [Ref. 20]. Este número corresponde à duração entre o RTCP SR e o RR.

A figura 27 ilustra um DLSR entre SR1 e RR1. O emissor A envia a mensagem RTCP SR1, contendo T1 no campo de carimbo de data/hora NTP, a todos os participantes na sua sessão. Quando o recetor B recebe a mensagem no tempo T2, ele memoriza o valor T1 até o momento em que RR1 é gerado. Assim, a mensagem de reporte RR1 é enviada com os bits intermédios de T1 no campo LSR e a duração do tempo entre T2 e T3 no campo DLSR. O remetente A recebe as mensagens RR1 em T4. Verifica o SSRC para encontrar a secção do relatório e o LSR com a sua própria memória registada desde o envio da SR1.

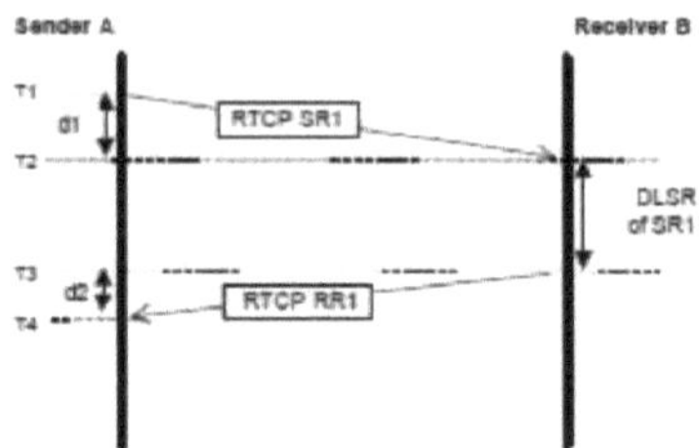

Figura 27. DLSR e tempo de ida e volta

No RFC 1889, é apresentado um exemplo de cálculo, quando a mensagem RTCP coloca o relógio real do sistema operativo na mensagem, o atraso de ida e volta pode ser derivado por esta equação. [Ref. 13]

tempo de ida e volta = T4 - LSR -DLSR

No entanto, se o RTP não usar um relógio NTP padrão, pode causar o erro porque LSR não é igual a T1. Assim, sem sincronização de relógio, o remetente A pode ainda calcular o tempo de ida e volta entre A-B-A utilizando outro cálculo simples de desvio [Ref 24].

Tempo de ida e volta = dl + d2 = T4- T1 - DLSR

Para utilizar esta fórmula, T1 e T4 devem ser obtidos no remetente através de um analisador de pacotes. No entanto, este número é um valor aproximado, uma vez que representa apenas o atraso de amostragem de ida e volta em cada 5 segundos, e não o atraso contínuo. Calcula-se que o atraso unidirecional seja metade deste valor com a ligação simétrica. Este método utiliza o tempo de ida e volta do RTCP como atraso de ida e volta do pacote RTP.

No entanto, o atraso efetivo na transmissão de voz é o atraso nos pacotes RTP e não nos pacotes RTCP. Na

codificação G.723.1, o pacote RTP é enviado a cada 30 milissegundos, enquanto a mensagem RTCP é enviada a cada cerca de 5 segundos. Isto significa que é enviada uma mensagem de controlo por cada 166 mensagens de voz. Assim, o RTCP pode representar estatisticamente apenas 0,6 por cento de todo o espaço de amostragem efetivo. Além disso, o atraso do RTCP não é necessariamente igual ao do RTP, uma vez que um pacote de voz e um pacote de controlo podem utilizar uma precedência IP e um DSCP diferentes. Na rede que suporta a implementação do Diff Serv, o tamanho da memória intermédia é atribuído de forma diferente para cada ponto de código e o tempo de espera em fila pode ser ligeiramente diferente. Portanto,
é apresentado de seguida outro método para calcular o atraso em cada pacote RTP.

4. Atraso por pacote

Para calcular o atraso de propagação da mensagem RTP, é preferível sincronizar os relógios do sistema entre todos os participantes. Em seguida, cada pacote RTP deve registar a hora de envio e a hora de receção. A diferença entre dois valores do mesmo número de sequência do pacote é o atraso unidirecional entre hospedeiros.

Se o relógio do sistema for sincronizado com o GPS, todos os relógios são executados com o estrato mais baixo que oferece a maior precisão [Ref 25]. No entanto, a abordagem flexível é sincronizar o relógio com qualquer servidor de tempo de rede fornecido por organizações de confiança. Depois de o relógio do sistema ser sincronizado pela aplicação do protocolo de tempo, existe ainda um pequeno desvio entre todos os participantes. Isto pode acontecer devido à frequência do relógio, à resolução do relógio e à latência da rede durante o processo de sincronização entre o anfitrião e o servidor de tempo. É importante determinar este desvio do relógio para ajustar os relógios do sistema. Como o cálculo do desvio absoluto entre o servidor de tempo e os anfitriões é bastante complicado, é mais fácil calcular o desvio relativo entre os anfitriões de origem e de destino.

O desvio relativo pode ser determinado utilizando duas ferramentas, um analisador de pacotes e uma aplicação de sincronização do servidor de tempo, sendo a experiência analisada no capítulo seguinte. O analisador de pacotes é utilizado para registar a hora de chegada e a hora de partida das mensagens RTP. A aplicação Time-syn é utilizada para minimizar a diferença de erro entre os anfitriões.

A figura 28 ilustra uma série temporal e um desvio, supondo que ambos os relógios funcionam com o mesmo ciclo de relógio e que o relógio do terminal B está um pouco adiantado em relação ao terminal A. Os analisadores de protocolo instalados em ambos os terminais podem registar as marcas temporais dos pacotes em T1a, T2b, T3b e T4a. A notação d12 significa o atraso de propagação do pacote entre a hora de partida T1a e a hora de chegada T2d.

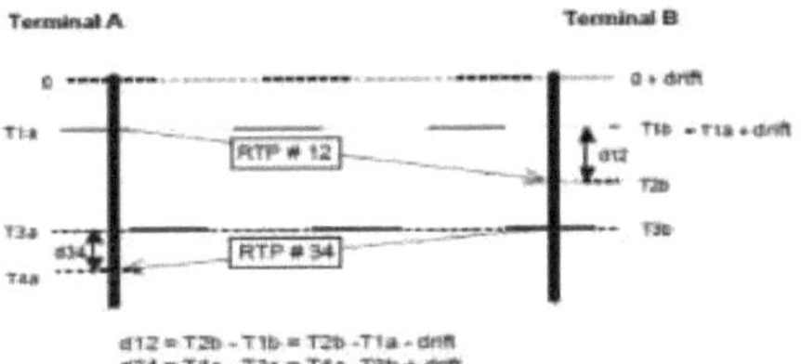

Fisiire 28. Desvio do relógio e tempo registado.

Se T1a e T1b forem conhecidos, o cálculo do desvio é muito fácil, mas é impossível obter o valor de T1b. No entanto, sabendo-se que T1b é igual a T1a mais o desvio, utiliza-se a seguinte equação para derivar o desvio do tempo.

$$d34 - d12 = T4a - T3b + drift - (T2b - T1a - drift)$$

$$Drift = 0.5 \times ((d34 - d12) - (T2b - T1a) - (T4a - T3b))$$

Todos os parâmetros acima são lidos diretamente de um analisador de pacotes, exceto d12 e d34. Partindo do pressuposto de que a rede é simétrica, um número d12 é igual a d34 e depois anulam-se um ao outro.

Em ambiente real, o atraso em cada direção não é exatamente igual. No entanto, a diferença em ambos os lados não é significativa quando comparada com o orçamento de atraso de 200-250 milissegundos que o VoIP pode absorver. Assim, a hipótese de uma ligação simétrica é razoável e amplamente aceite noutros estudos.

Após o cálculo do desvio do relógio, o tempo de envio T1b e T3a pode ser calculado. Finalmente, pode ser determinado um atraso unidirecional em cada pacote RTP.

D. MEDIÇÃO DE JITTER

Para otimizar o desempenho da memória intermédia, é necessário adaptar o comprimento da memória

intermédia de desvios. Este valor é necessário continuamente enquanto a comunicação está a ser processada. O RFC 1889 [Ref 13] explica o que é o jitter
informação comunicada no pacote RTCP. É calculado como uma variância estatística do tempo de inter-chegada do pacote de dados RTP. Este número é medido em unidades de carimbo de data/hora RTP e formatado como um número inteiro sem sinal. Para determinar o jitter, este RFC utiliza o conceito de tempo de trânsito relativo. O tempo de trânsito relativo é a diferença entre o carimbo de data/hora RTP e a hora de chegada registada pelo relógio do recetor na mesma unidade. Em primeiro lugar, a diferença no tempo de transmissão relativo é calculada como D. O jitter entre chegadas J é então calculado utilizando o desvio médio de D. A Figura 29 mostra uma sequência temporal e o atraso em cada pacote RTP.

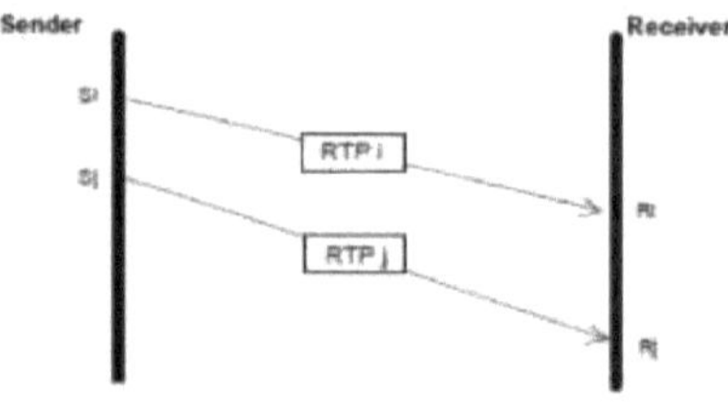

Figura 29. Cálculo de jitter

De acordo com a definição de D, este jitter puro é calculado como

$$D(i,j) = (Rj-Ri) - (Sj-Si)$$

$$= (Rj-Sj) - (Ri-Si) \text{ pure jitter}$$

Esta equação simplifica o cálculo porque não precisamos de conhecer os valores reais de Si e Sj, mas apenas de verificar a diferença entre Sj e Si. Assim, este jitter pode ser explicado como a diferença entre o espaçamento do sinal no emissor e no recetor. [Ref 20] Depois de D ser determinado para cada par sucessivo de pacotes, o jitter de inter-chegada J é calculado para cada fonte particular identificada pelo SSRC. O RFC 1889 determina J com a seguinte fórmula.

$$J = J + (|D(i-1, I)| - J)/16$$

Esta fórmula utiliza o algoritmo do estimador ótimo de primeira ordem em que o parâmetro de ganho 1/16 é utilizado para o rácio de redução do ruído, a fim de preservar a taxa de convergência [Ref 13].
O jitter inter-racial é continuamente calculado e instantaneamente comunicado com o valor desse momento quando a mensagem RTCP RR é construída.

E. MEDIÇÃO DA PERDA DE PACOTES

Uma vez que esta investigação se centra no modelo normal de pacotes de voz sem utilizar uma técnica de controlo de erros, não é implementado qualquer FEC na aplicação VoIP testada. Assim, cada perda de pacote representa uma perda efectiva. A informação sobre a perda de pacotes também é fornecida em
Mensagem RTCP RR nestes dois campos: fração de perda e número cumulativo de perda de pacotes.
A fração de perda é o rácio de pacotes RTP perdidos desde que o SR ou RR anterior foi enviado. É o número de pacotes perdidos dividido pelo número de pacotes esperados. O rácio de perda original é calculado e multiplicado por 256. Em seguida, a parte inteira deste resultado é colocada no campo da fração de perda.
O número cumulativo de pacotes perdidos, por outro lado, indica a quantidade real de perdas desde o início da sessão. Trata cada pacote como uma mensagem de chegada. A diferença deste parâmetro em duas mensagens RR sucessivas é o número de perdas de pacotes RTP contabilizadas durante o intervalo de transmissão.
No entanto, o mecanismo de relatório do RFC 1889 conta apenas o número de pacotes que chegam ao recetor, não considerando o conteúdo do pacote, quer se trate de um pacote duplicado ou atrasado. Esta é uma desvantagem do RTCP, uma vez que o pacote atrasado é eliminado no destino, mas não é comunicado. Para determinar a perda real, excluindo o erro de reprodução, todos os pacotes devem ser verificados com o número de sequência com o limiar de reprodução.

F. PONTUAÇÃO MÉDIA DE OPINIÃO

Conforme descrito na norma ITU-T P.800 [Ref 26], o Mean Opinion Score (MOS) é a medida subjectiva mais adoptada. Reflecte a qualidade da voz por um grupo de ouvintes. As frases de teste normais e as conversas livres são avaliadas com a impressão auditiva.
O grande grupo de ouvintes tem de classificar a impressão numa escala subjectiva, como inteligibilidade,

aceitabilidade, qualidade, naturalidade, etc.
O teste exige muito tempo e esforço para organizar um grande grupo de ouvintes. Dezenas ou centenas de avaliadores devem entrar no banco de ensaio no mesmo ambiente e em cada rotação de mudança para novos parâmetros de VQ. A experiência deve ser rigorosamente controlada em cada rotação. Os resultados devem ser cuidadosamente analisados. Por conseguinte, este não é um método eficiente.
Para determinar a qualidade do sistema de comunicação vocal, o MOS utiliza o método de classificação por categoria absoluta (ACR). Cada avaliador deve classificar o áudio em cinco escalas de classificação correspondentes aos pontos numéricos atribuídos. A interpretação da pontuação é apresentada na tabela seguinte. [Ref. 27]

Tabela 10. Pontuação média de opinião

MOS	**Qualidade** Ranns	Equiynlent de qualidade	**Qualidade do discurso**
5	Excelente	Convocação presencial ou audição de CD	Relaxamento total
4	Bom	Grau telefónico	Atenção necessária
3	Falhar		Esforço moderado
2	Pobres		Esforço da Coruticeia
1	Mau!		Não EueanixE compreendido

São utilizadas muitas amostras de voz em cada fonte para justificar a pontuação exacta. É calculada a média de todos os valores de classificação individuais para obter a pontuação final em cada fonte de voz. O teste pode ser utilizado para avaliar a taxa de codificação, o efeito de linguagem, a velocidade da ligação, etc. MOS igual ou superior a 4 é geralmente considerado como qualidade de portagem. Um MOS inferior a 3,6 significa que muitos utilizadores não estão satisfeitos com a qualidade da chamada.
Como o MOS é um teste subjetivo, a pontuação real do mesmo teste pode variar em diferentes grupos de ouvintes. Além disso, o ambiente do teste pode influenciar a avaliação da audição. Assim, a pontuação de diferentes testes não deve ser comparada com outras. Normalmente, a pontuação MOS do ADPCM é utilizada como linha de base para a qualidade da portagem, o padrão da chamada PSTN. [Ref. 26]

G. E-MODELO

Como mencionado anteriormente, a clareza da voz pode ser testada objetivamente com o PSQM ou o PAMS. No entanto, ambos os métodos foram originalmente concebidos para
Avaliação da qualidade das chamadas PSTN e apenas adequada para testes em laboratório. Estes modelos não são eficazes para a conversação na rede de dados, porque não conseguem mapear os parâmetros de rede pertinentes, como o atraso, o jitter e a perda de pacotes. Além disso, a qualidade da chamada é apresentada numa direção de cada vez, o que não corresponde a uma conversa interactiva real. Assim, estes métodos são não são os melhores candidatos para a avaliação da VoIP numa rede real. [Ref. 28]
Para utilizar os parâmetros de rede - como o atraso, o jitter e a perda de pacotes - para ajustar as redes de dados, estes números objectivos devem ser mapeados para o valor subjetivo, como o MOS. O modelo de conversão mais aceitável, denominado "E-model", é recomendado na norma ITU G.107 [Ref. 29]. É utilizado pela NetIQ [Ref 28] para a aplicação de testes de desempenho VoIP. Este modelo requer dois mecanismos: o cálculo do valor RV e o mapeamento para MOS.

1. Valor R

O modelo E é desenvolvido de modo a incluir alguns parâmetros de deficiência da rede de dados no seu valor R escalar objetivo único. Este modelo é testado com diferentes graus de deficiências para determinar a pontuação subjectiva. O valor R máximo é 100 e o mínimo é 0. Quanto mais elevado for o valor, melhor é a qualidade da voz detectada. A estatística dos testes empíricos produz a seguinte fórmula de valor R.

$$R = Ro - Is - Id - Ie + A$$

Onde:

Ro	valor máximo em qualidade perfeita
É	deficiência simultânea s do sinal
Id	atrasos introduzidos de extremo a extremo
Ie	as deficiências introduzidas pelo equipamento, incluindo Perda de pacotes
A	fator de vantagem, por exemplo, o utilizador móvel pode tolerar a menor

qualidade devido à comodidade.

Este modelo inclui os seguintes factores: atraso unidirecional, percentagem de perda de pacotes, negócio de perda de pacotes, atraso do buffer de jitter, perda de dados devido a ultrapassagem do buffer de jitter e comportamento do codec.

2. Mapeamento da pontuação objetiva para a pontuação subjectiva

Após o cálculo do valor R, este pode ser diretamente mapeado para um MOS estimado.

Uma vez que a inevitável degradação da conversão de voz na packetização reduz o valor R máximo teórico, o valor R derivado é ajustado para variar entre 0 e 93,2, correspondendo a um possível MOS de 1 a 4,4. O mapeamento é apresentado na Figura 30.

O cálculo pormenorizado deste modelo pode ser consultado na Recomendação G.107 da UIT. Figura 30. Mapeamento do valor R para MOS (De: Ref. 28

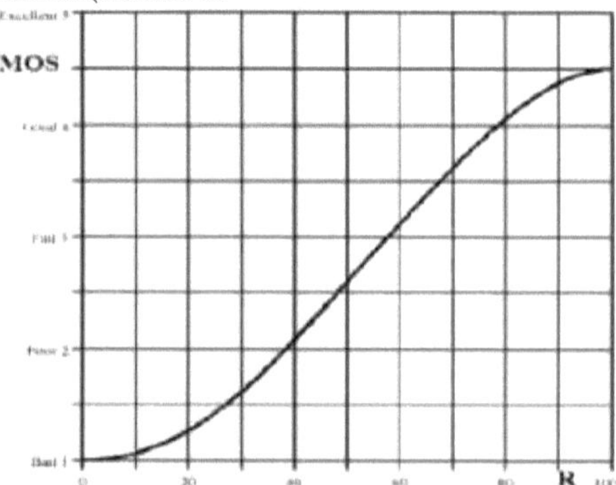

Figura 30. Mapeamento de Revalor para MOS (de: Ref. 28)

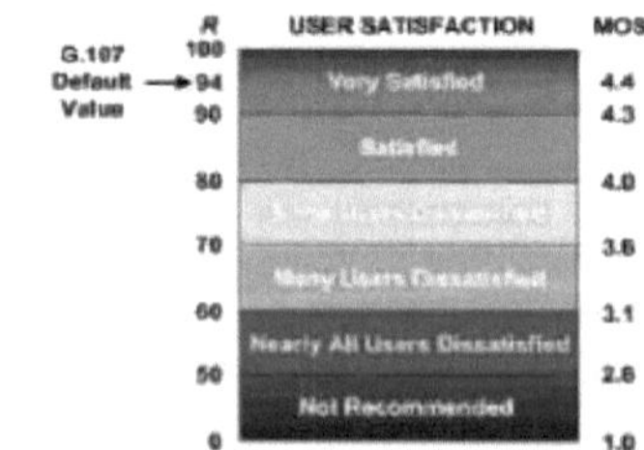

Figura 31. Valor R e MOS com a satisfação do utilizador (de: Ref. 28)

H. INVESTIGAÇÕES ANTERIORES SOBRE MOS E E-MODEL

São realizadas muitas investigações para estabelecer a relação entre cada fator de desempenho VoIP pertinente e o desempenho subjetivo, especialmente o MOS e o valor R. Os estudos de diferentes organizações produzem resultados diferentes porque todos os testes são estabelecidos em vários ambientes. Algumas relações sobre os factores de desempenho - como o codec, a taxa de perda, o atraso e o eco - fornecem o valor esperado de quantificação satisfatória.

I. Codec

A Cisco [Ref 30] testa a qualidade da fala produzida por vários codecs e apresenta um relatório no seu documento técnico. A avaliação utiliza MOS, como mostra a tabela a seguir. Além disso, o NetPredict [Ref 31] fornece o R-Value compatível com cada técnica de compressão. A norma G.711, que utiliza o sinal original sem compressão, é considerada uma referência em termos de qualidade da portagem.

Tabela 11. MOS e EtValue dos codecs (Após: Ref 30)

Codec	MOS	Kr-Vahu
G.711	4.10	S3
G.726	3.85	76
G.728	3.61	TO
G.729A	3.70	73
G.7211 (6,1 mbps)	3.90	77
G.723.1 (5,3 mbp5)	3.65	71

J. Perda de pacotes

Geralmente, a perda de pacotes ocorre nos encaminhadores de extremidade entre a LAN e a WAN, onde os pacotes são cumulativamente colocados em fila de espera em diferentes tampões para transmissão. A perda distribuída é tolerável para a reconstrução da voz , mas a perda por explosão provoca sempre a alteração do conteúdo. A figura seguinte mostra o efeito da perda consecutiva no valor R.

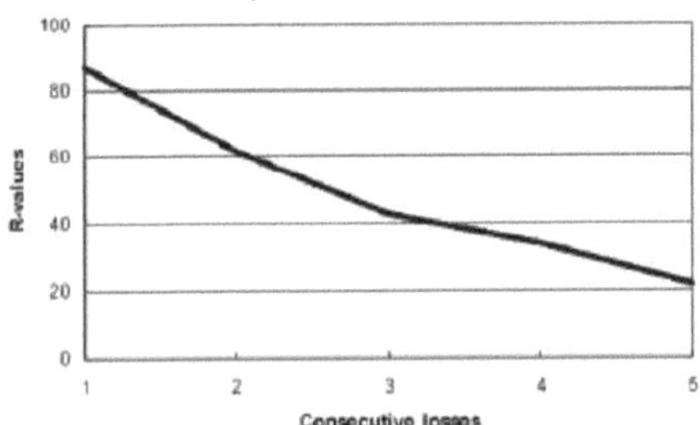

Figura 32. Rr-valme em função da perda consecutiva (de: Ref. 31)

4. Atraso

Para comparar o efeito do atraso na qualidade da voz, o G.711 é novamente utilizado para representar o sinal perfeito com classificação telefónica antes de serem impostos os diferentes atrasos do meio.

O efeito da variação do atraso no valor R é ilustrado na figura seguinte. O atraso aceitável não deve ser superior a 200-250 milissegundos, o que corresponde a um valor R de 80, como se mostra no gráfico.

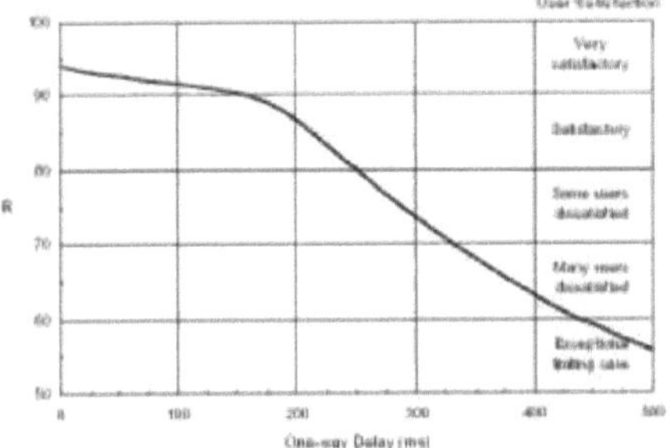

Figura 33. Valor R em função do atraso unidirecional (de: Ref. 31)

5. Combinação de todos os factores

As figuras seguintes apresentam a redução do valor R de acordo com pares de factores de desempenho: atraso - perda de pacotes, atraso - codec e atraso - eco. O TELR (talker echo loudness rating) é utilizado para diferenciar o nível de eco. O TELR padrão a 65 dB é utilizado como linha de base do eco

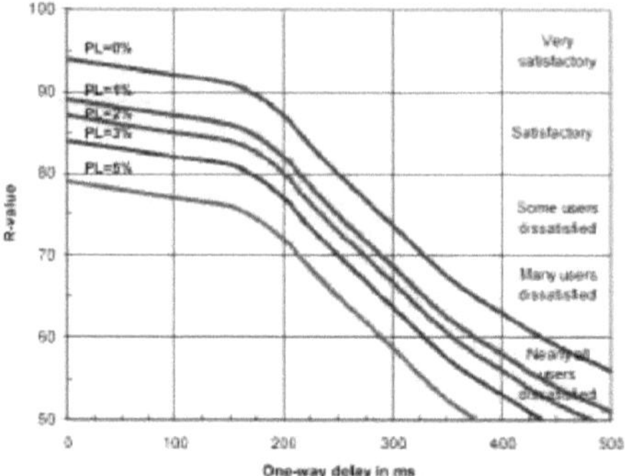

Figura 34. Valores R em função do atraso e da perda de pacotes (de: Ref. 31)

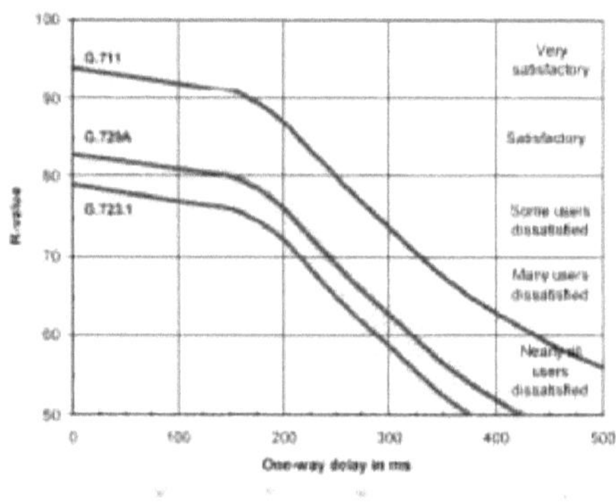

Figura 35. Valores R em função do atraso e do codec (de: Ref. 31)

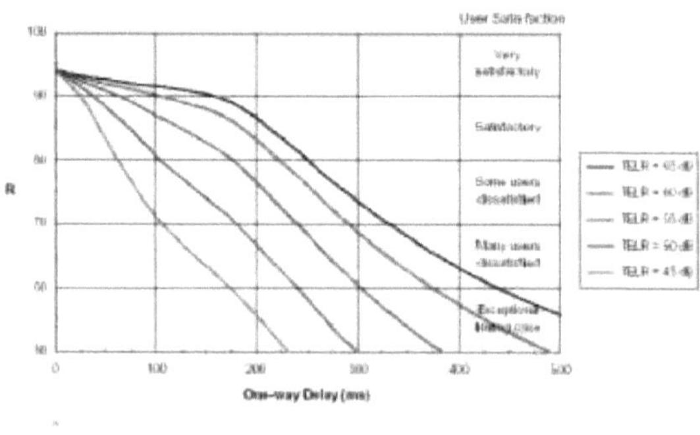

Figura 36. Valores R em função do atraso e do eco (de: Ref. 32)

Capítulo 6

VI. CONCEPÇÃO DA EXPERIÊNCIA

Utilizando a correlação entre as pontuações subjectivas e objectivas, conforme discutido no capítulo anterior, o MOS de uma sessão VoIP pode ser derivado do modelo eletrónico utilizando a conversão do valor R. A exatidão da pontuação depende da fidelidade deste modelo. Para uma rede pública, a complexidade inerente aos seus ambientes incontroláveis e voláteis torna a medição direta do MOS mais adequada. No entanto, a medição direta exige muitos recursos para ser realizada. A simplicidade do Emodel faz com que seja amplamente adotado em aplicações comerciais de monitorização da qualidade VoIP.

A. MATRIZ DE TESTE

A qualidade da voz (VQ) é composta por três componentes principais: clareza, atraso e eco. A clareza e o eco são independentes, enquanto o eco depende do limiar de atraso. A contribuição proporcional que cada fator afecta a VQ é bastante imprecisa, uma vez que o teste subjetivo pode ser interpretado de diferentes formas. Para facilitar a gestão da avaliação, apenas alguns dos parâmetros mais significativos devem ser rigorosamente utilizados na avaliação. No entanto, os parâmetros testados devem abranger todas as caraterísticas da VQ. Para medir a VQ de forma prática, é possível eliminar algumas variáveis desnecessárias. Quatro parâmetros primários que representam suficientemente os factores de desempenho da voz são o atraso, o jitter, a taxa de perda e o codec. O primeiro e mais reconhecível componente, a clareza, é medido pela taxa de perda, pelo jitter e pelo codec. No entanto, como o G.723.1 é a melhor escolha de codec selecionada pela indústria, a guerra dos codecs acaba por desaparecer e este codec é suportado pela maioria das aplicações. Um teste restringido pela utilização deste codec diminui o valor máximo de MOS, tal como referido no capítulo anterior. Assim, neste estudo, a variável codec é descartada da lista de parâmetros testados. Apenas o jitter e a taxa de perda são avaliados para a clareza VQ. O próximo componente, o atraso, é medido pelo tempo de propagação entre hosts.

Além disso, os tempos de compressão e de packetização são incluídos no atraso global. O último componente, o eco, deve ser medido pelo TELR (Talker Echo Loudness Rating) e pelo tempo de transmissão de ponta a ponta.

De acordo com a conceção atual da aplicação VoIP, o cancelador de eco no anfitrião de extremidade final funciona eficazmente e diminui a amplitude do eco para menos de -25 dB, o que é irreconhecível para o ser humano. Além disso, o eco só tem um impacto negativo quando o tempo de transmissão de extremo a extremo ultrapassa um determinado limiar. Assim, o TELR é ignorado e apenas o tempo de transmissão é medido neste estudo.

Por conseguinte, os testes deste estudo foram concebidos para medir o atraso, o jitter e a taxa de perda. Estes parâmetros objectivos são também utilizados no modelo E e em muitas aplicações de medição do desempenho VoIP.

B. FERRAMENTAS UTILIZADAS

O Microsoft NetMeeting 3.0 foi selecionado devido à sua popularidade e à sua interface de fácil utilização. Suporta as normas H.323 com capacidade de comunicação por voz, vídeo, conversação e quadro branco. O controlo das chamadas, a conversação e o quadro branco utilizam ligações TCP, enquanto a voz e o vídeo utilizam UDP em portas selecionadas aleatoriamente. O NetMeeting está disponível em http://www.microsoft.com.

Para recolher todo o tráfego de voz, é utilizado um analisador de protocolos de fonte aberta, o Ethereal. Aquando da realização deste estudo, o software foi lançado com a versão 0.9.7. Esta versão suporta protocolos de aplicação VoIP, tais como RTP, RTCP, TCP, UDP e Q.931. Antes de o Ethereal poder ser utilizado, é necessário instalar um controlador de captura de pacotes da plataforma Windows, o WinPcap, que oferece a mesma funcionalidade que o TcpDump. Este teste utiliza o WinPcap 2.3 para Windows 2000 e WindowsXP. Ambas as ferramentas estão disponíveis em http://www.ethereal.com e
http://winpcap.polito.it.

A última ferramenta utilizada é uma aplicação de sincronização de tempo para gerir os relógios do sistema antes do teste. É utilizado o NetTime 2.0, que executa o protocolo Simple Network Time Protocol (SNTP) na porta 123. O servidor de tempo padrão do NPS localizado no campus é referido a partir de cada anfitrião utilizado no teste. Esta ferramenta está disponível em
http://nettime.sourceforge.net/.

C. DESCRIÇÃO DO TESTE

O objetivo desta investigação é estudar o comportamento do tráfego VoIP em tempo real em redes reais. São medidos três parâmetros objectivos de desempenho, atraso, jitter e taxa de perda, dos fluxos de dados RTP. As medições são usadas para determinar a precisão do método de amostragem de desempenho RTCP. As pontuações subjectivas de VQ também são recolhidas em simultâneo. Uma vez que os testes são realizados em redes reais, a pontuação de satisfação subjectiva está diretamente relacionada com os três parâmetros objectivos. Esta pontuação pode ser utilizada para avaliar a exatidão do modelo E.

Em todos os testes, foi utilizado o NetMeeting com o codec G.723.1 como aplicação VoIP. A configuração de base está instalada numa LAN no Laboratório de Investigação de Redes Avançadas do Departamento de Informática. O laboratório está localizado na sala 238 do Spanagel Hall. Não é necessário um router no teste de base. Os relógios de todos os sistemas de teste foram sincronizados com o mesmo servidor de horário "time1.nps.navy.mil". Não foi instalado nenhum gateway de voz ou gatekeeper.

As chamadas foram estabelecidas através da rede com conversação em direto. Durante o teste, estavam presentes a voz de fundo no laboratório e o ruído externo do carro . O Ethereal foi instalado em ambas as máquinas anfitriãs do NetMeeting e configurado em modo promíscuo para registar todos os pacotes de voz com endereços IP de origem e destino designados. Durante o teste, foram utilizados o cancelamento de eco e a supressão de silêncio. A experiência foi realizada por dois estudantes do NPS que já estavam familiarizados com o ritmo de fala um do outro. Antes do teste, todos os avaliadores são informados do objetivo do teste e da interpretação da pontuação. A voz é gravada utilizando os auscultadores e os auriculares com microfone. Durante o teste, algumas máquinas do laboratório geraram tráfego HTTP como em funcionamento normal. Cada teste foi efectuado durante 4-5 minutos. O segundo teste foi efectuado através da WAN entre o NPS e um ISP comercial externo gerido pela AAAHawk Net. Um dos lados é um computador portátil ligado a uma LAN pessoal dedicada com um gateway Linux que tem uma ligação telefónica ao ISP. O notebook remoto é um Dell Latitude C600 com CPU de 1 GHz, 1 GB de RAM e uma placa de áudio ESS Maestro. O gateway estava a executar um servidor NAT. O outro lado é um desktop no laboratório de Pesquisa Avançada em Redes. Este desktop é um Dell Precision 330 com CPU de 1,5 GHz, 1 GB de RAM e uma placa de áudio Turtle Beach Santa Cruz. De acordo com algumas avaliações preliminares, a placa de som do desktop tem um desempenho muito melhor do que a do notebook. A configuração do teste é a mesma do teste de linha de base. Durante o teste, o gateway remoto também gerou tráfego cruzado de FTP para simular a variação da largura de banda numa verdadeira WAN. Na secção E são apresentados mais pormenores sobre este teste. O terceiro cenário foi desenvolvido para testar a rede do campus do NPS após a recente atualização do backbone. O host no Laboratório de Pesquisa de Rede Avançada e outra máquina no Root Hall foram usados no teste. As máquinas estavam ligadas através de alguns comutadores e routers.

O quarto teste foi realizado numa LAN sem fios com encriptação de 64 bits. O ponto de acesso está instalado no Laboratório de Investigação de Redes Avançadas. Um dos participantes é um computador portátil equipado com adaptadores D-Link Air DWL-650 e capaz de transmitir mensagens utilizando o protocolo 802.11b. O outro nó é um computador de secretária no mesmo laboratório. Durante o teste, o computador portátil está localizado a cerca de 40 metros de distância do ponto de acesso.

D. ESQUEMA GERAL DE TESTE

Os quatro cenários de teste são ilustrados no esquema seguinte.

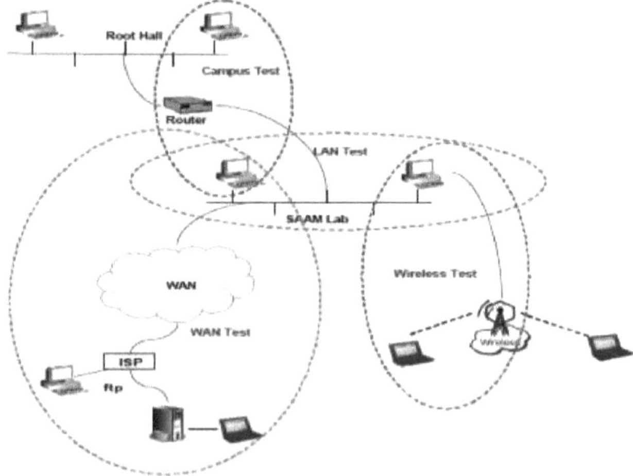

Figura 37. Esquema de teste

E. CONFIGURAÇÃO DO TESTE WAN

1. Teste WAN

Os testes na WAN foram realizados através da criação de uma sessão NetMeeting entre um portátil externo (berry) e uma máquina (cherry ou magma) dentro do campus do NPS através de uma ligação telefónica, como se mostra abaixo. Foram utilizadas duas configurações de teste, designadas por casos A e B no diagrama.

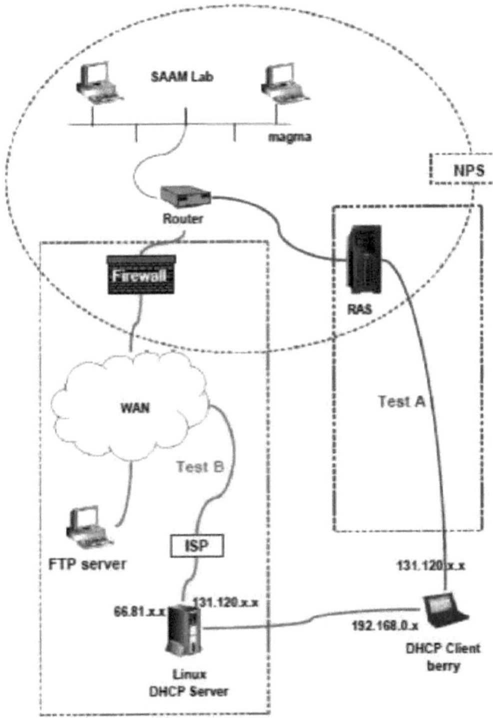

Figura 38. Esquema de teste da WAN

2. Problemas com a firewall do NPS

O objetivo final deste teste é avaliar o RTCP sob atrasos de rede grandes e flutuantes. No entanto, a execução do MS NetMeeting através da firewall do NPS é bastante difícil porque a firewall do NPS rejeita todo o tráfego externo de portas altas (>1024). O aplicativo NetMeeting requer algumas dessas portas, conforme listado na tabela a seguir.

Tabela *12.* Portas de rede utilizadas pelo NetMeeling (Após: Ref 33)

Porto	Protocolo	Tipo	Staodard	>'etMeetins Utilização
3E9	TCP	estático	LDAP	Localizar na Internet! Servidor (ILS')
522	TCP	estático	**ULP**	Serviço de localização do utilizador (obsoleto, utilizar ILS)

1503	TCP	estático	imtc-mcs	T.120
1720	TCP	estático	ШИЬхнЬаЛ	H. 323 call cetup
1731	TCP	estático	mstccp	Chamada áudio cootroL
102+45535	TCP	dinâmico	H245	H. 323 call cmind
102+45535	UDP	dinâmico	ИТРЖГСР	H.323 :tieamiQE (R.TP)

3. Configuração do teste

O primeiro teste ligou dois nós VoIP (berry e magma) através do banco de modems do NPS e do Servidor de Acesso Remoto (RAS). Este teste é apresentado como Teste A. Tudo funcionou bem porque foi atribuído diretamente ao computador portátil (berry) um endereço IP interno do NPS (131.120.x.x). Os pacotes de voz foram capazes de comunicar em ambas as direcções. O Ethereal em magma (131.120.8.749) foi capaz de gravar os pacotes de voz recebidos e detetar o endereço IP do host de origem. No entanto, o Ethereal em berry não funcionou. Outras inspecções confirmaram que o Ethereal não suporta ligações dial-up.

Para resolver esta limitação do Ethereal, foi criada uma LAN privada para o cliente portátil e foi adicionada uma máquina Linux como router entre o cliente de voz e a ligação de acesso telefónico. A máquina Linux também actuou como servidor DHCP e atribuiu dinamicamente aos seus clientes os endereços IP que variam entre 198.168.0.2 e 198.168.0.254. Essa nova configuração de teste é mostrada como Teste B. Durante o teste, o laptop se comunicou com o roteador via Ethernet, o que permitiu que o Ethereal capturasse seus pacotes de voz de saída Além disso, para testar o atraso maior e o ambiente flutuante, foi usado um ISP comercial em vez do NPS RAS. No entanto, os pacotes de voz só podiam fluir num sentido, do computador portátil para a máquina magma do NPS. De acordo com as informações capturadas no berry, a aplicação cliente estava a colocar o endereço do magma no campo de destino e o seu próprio endereço (192.168.0.x) no campo de origem dos seus pacotes de voz de saída. Consequentemente, os pacotes de voz de saída do magma foram atribuídos a "192.168.0.x" no campo de destino.

Esse endereço não faz parte do espaço de endereços do NPS, portanto todos os pacotes de voz do magma foram bloqueados devido à política de firewall do NPS. Assim, o cliente não pode ouvir qualquer voz da máquina da escola. No entanto, outras aplicações, como o chat de texto ou o quadro branco, funcionaram em ambas as direcções, uma vez que todas as portas TCP altas foram abertas pelo administrador da firewall, após um pedido especial para este teste específico, para permitir o estabelecimento do controlo de chamadas H.323, tal como indicado na tabela de portas anterior. Durante o teste, o RTP- RTCP/UDP é utilizado para transmitir pacotes de voz, enquanto o TCP é utilizado para estabelecer o canal de comunicação e trocar a capacidade.

Este problema foi resolvido através da instalação de um serviço de Tradução de Endereços de Rede (NAT) com mascaramento para o servidor DHCP que corre no router Linux. O software, chamado e-smith, está disponível em http://www.e- smith.org. Após a instalação do esmith, o servidor foi capaz de fornecer endereços IP dinâmicos a todos os clientes. Além disso, foi configurado para carregar o módulo ip_masq_h323, a fim de mapear os endereços de entrada e saída dos fluxos VoIP.

Este teste também conectou dois nós através da Internet por meio de um ISP comercial local. Antes que os pacotes de voz possam ser comunicados, a firewall do NPS deve permitir todo o tráfego UDP de porta alta para RTP/RTCP e permitir todo o tráfego TCP de porta alta para o controlo de chamadas H.323. A configuração do proxy do firewall do NPS para permitir essas portas também não foi bem-sucedida em permitir esse tráfego.

A experiência pôde prosseguir após o ajuste direto do filtro da firewall NPS. Por fim, foi acrescentado um tráfego FTP adicional ao ambiente de teste para introduzir variações da capacidade do canal de comunicação no servidor Linux. Foi estabelecida uma ligação FTP para descarregar um grande ficheiro de dados de um servidor FTP em www.freedrive.com e esta transferência de ficheiros demorou cerca de 30 minutos a concluir. Esta duração foi suficiente para cobrir todo o teste VoIP, que durou cerca de 5 minutos. Além disso, foi gerado algum tráfego HTTP através da utilização de um navegador Web. Antes de serem recolhidos os dados da experiência real, foram efectuados alguns pré-testes para determinar o efeito do tráfego cruzado. Com uma ligação FTP, o NetMeeting foi capaz de estabelecer a comunicação. Com uma ligação FTP e uma ligação HTTP, a comunicação VoIP continuou a ser possível. No entanto, com uma ligação FTP e duas ligações HTTP, o NetMeeting não conseguiu estabelecer a ligação. Assim, a experiência na WAN foi efectuada com uma ligação FTP e uma ligação HTTP como tráfego.

Como esta configuração representava um risco de segurança para a rede do NPS, foi utilizado temporariamente um endereço IP ad hoc (cherry - 131.120.8.143) para a máquina interna durante a experiência. Este endereço foi registado em , o DNS da escola, como membro do domínio SAAM. Após o teste, o endereço da máquina foi mudado de novo para "magma".

Além disso, o Adware foi utilizado após cada teste para analisar toda a memória, registo e disco rígido para descobrir e lidar com potenciais intrusões. O Adware está disponível para descarregamento em www.lavasoft.com.

F. MÉTODO DE ANÁLISE DE DADOS

Os pacotes capturados foram primeiro carregados no Ethereal como pacotes UDP ou TCP. Em seguida, a opção de decodificação do Ethereal foi usada para instanciar os pacotes RTP ou RTCP com base nos números de porta. Finalmente, o filtro de exibição foi usado para descartar outros tipos de pacotes...

Algumas informações pertinentes foram então recolhidas e gravadas em ficheiros de texto utilizando a opção de impressão disponível no Ethereal. Os resultados foram importados para o MS Excel para determinar as estatísticas de atraso e jitter dos pacotes RTP. Foram escritas macros Excel para permitir cálculos repetitivos.

A análise dos dados do teste WAN foi bastante difícil porque, entre os mais de dez mil pacotes RTP, havia muitos casos de reordenação e perda de pacotes. A sua deteção exigia a verificação do número de sequência RTP de cada pacote. À semelhança do RTP, a derivação da informação RTCP exigia a correspondência entre o carimbo de data/hora LSR de um pacote e o carimbo de data/hora NTP MSW/LSW de outro pacote. Estes processos são morosos quando a análise é efectuada sem ferramentas automáticas.

Capítulo 7

VII. RESULTADOS DOS ENSAIOS

A. REGISTO DE TESTE

Após a conclusão dos testes, foi determinado o tempo de transmissão bruto de cada pacote RTP individual. O desvio do relógio foi então estimado e o atraso do pacote RTP foi ajustado em conformidade. Esse atraso de RTP também foi usado para calcular o jitter entre chegadas. Além disso, as mensagens RTCP foram analisadas para obter as amostras de atraso RTP e jitter.

Estes valores foram depois representados no mesmo gráfico para efeitos de comparação.

B. RESUMO DO TESTE

Os testes em LAN foram efectuados duas vezes, para comparar a precisão do modelo. O teste do campus, o teste sem fios e o teste WAN foram efectuados uma vez. Para o teste sem fios, o tráfego em apenas uma direção (do computador portátil para o computador de secretária) pôde ser registado pelo Ethereal. Para determinar o desvio do relógio entre o laptop e o desktop, eles foram temporariamente conectados usando um cabo cruzado e uma série de pings foi enviada de um host para o outro. O Ethereal capturou os horários de partida e chegada dessas mensagens de pings nos hosts. Como o atraso de comunicação nessa configuração era insignificante, a diferença entre os horários de partida e chegada de uma mensagem de ping foi usada como uma amostra para o desvio do relógio.

Em todos os gráficos apresentados abaixo, osnomes dos computadores de teste são abreviados da da seguinte forma: m para magma (computador de secretária), c para cherry (computador de secretária) e b para berry (computador portátil).

De acordo com os resultados do a LAN e do campus, o atraso de transmissão do pacote RTP nesses ambientes é muito baixo. No teste da LAN sem fios, o atraso médio foi um pouco mais longo. O teste WAN produziu os maiores atrasos. Todos os testes foram avaliados primeiro com base no pressuposto de um atraso simétrico. Apenas para o teste WAN foram considerados atrasos assimétricos.

C. TESTE DE LAN

Código do teste: Teste 101, 102

Descrição: VoIP na LAN

Localização: Laboratório de Pesquisa SAAM, SP-238

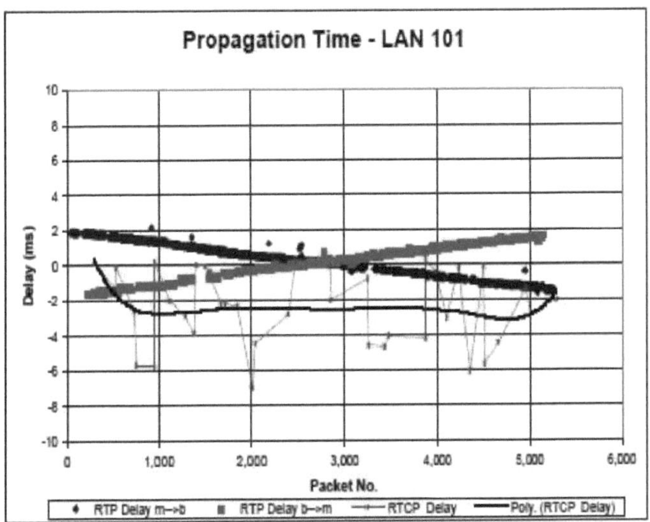

Figura 39. Resultado do teste de LAN (1)

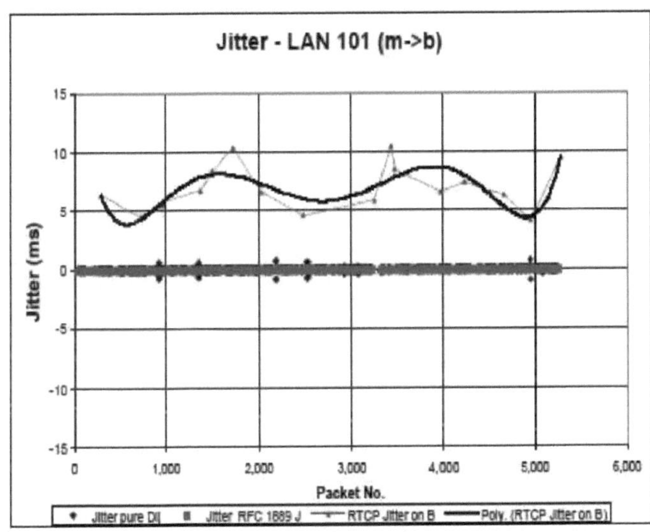

Figura 40. Resultado do teste de LAN (2)

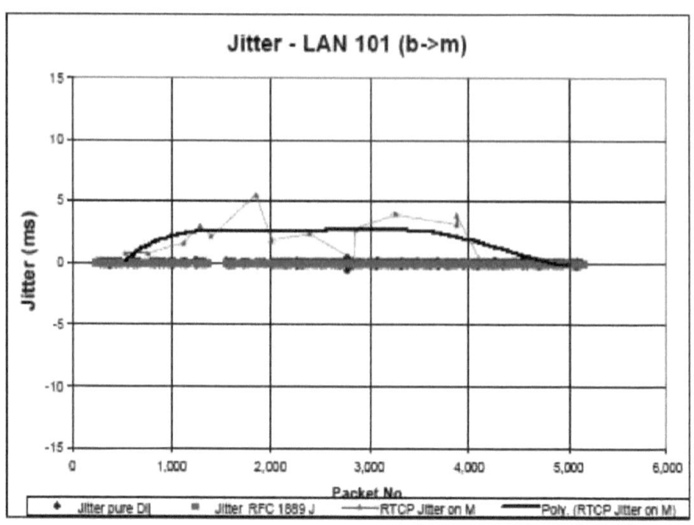

Figura 41. Resultado do teste de LAN (3)

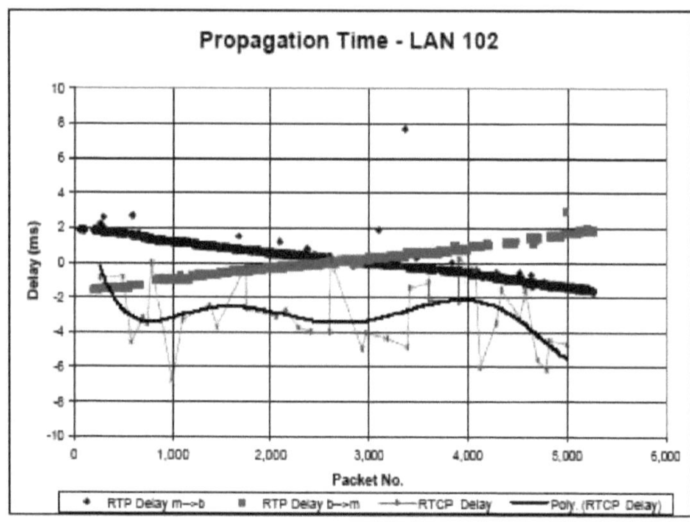

Figura 42. Resultado do teste de LAN (4)

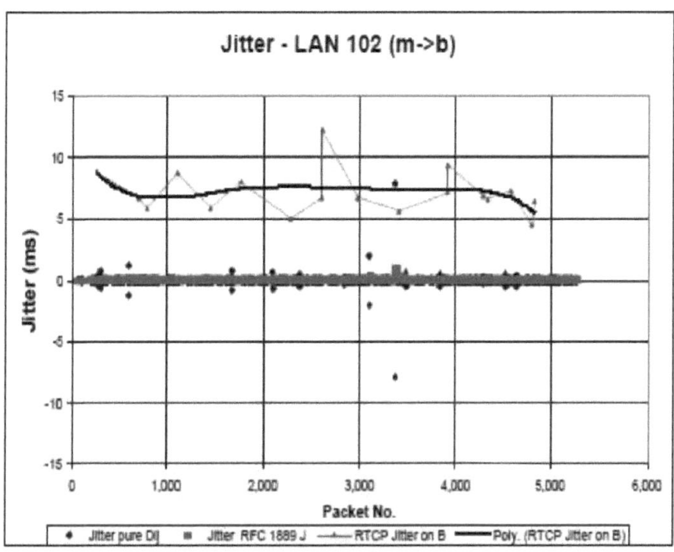

Figura 43. Resultado do teste de LAN (5)

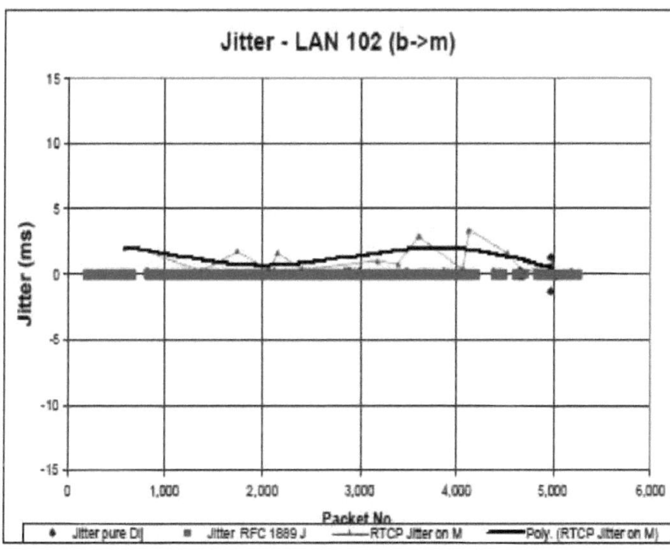

Figura 44. Resultado do teste de LAN (6^

Código do teste: Teste 301
Descrição: VoIP no Campus NPS
Localização: Rede escolar entre Root Hall e Spanegel hall

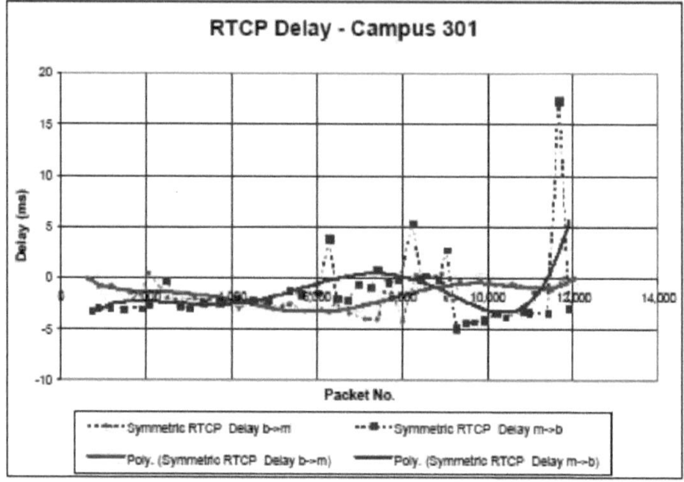

Figura 45. Resultado do teste no campus (1)

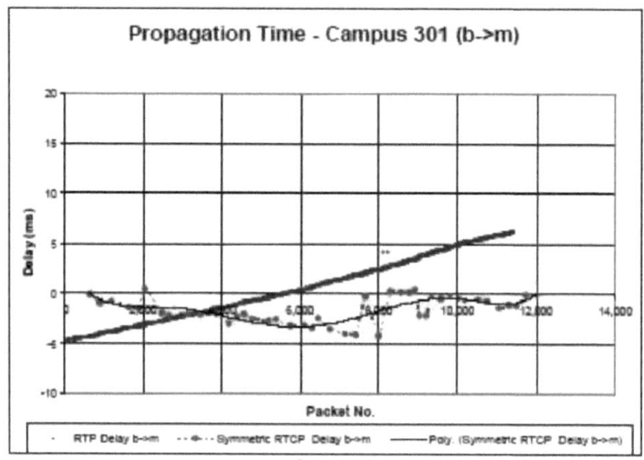

Figura 46. Resultado do ensaio C ampus (2)

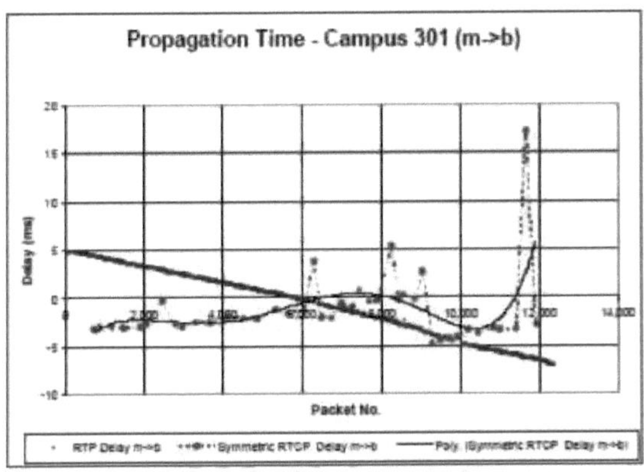

Figura 47. Resultado do teste no campus (3)

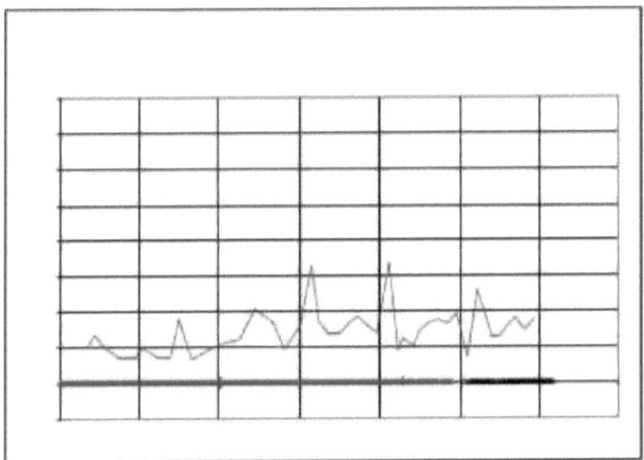

Figura 4S. Resultado do teste no campus (4)

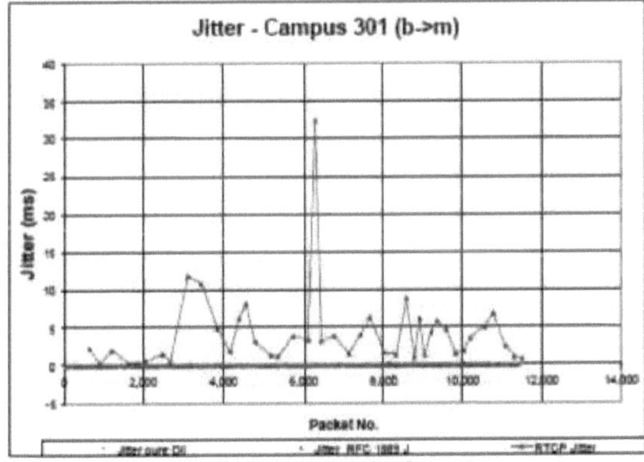

Figura 49. Resultado do teste no campus (5)

E. TESTE DE WAN

Código de teste: Teste 201

Descrição: VoIP na WAN

Localização: Ligação entre o computador no laboratório de rede NPS em Spanagel Hall e computador doméstico remoto utilizando a ligação regular a um ISP comercial

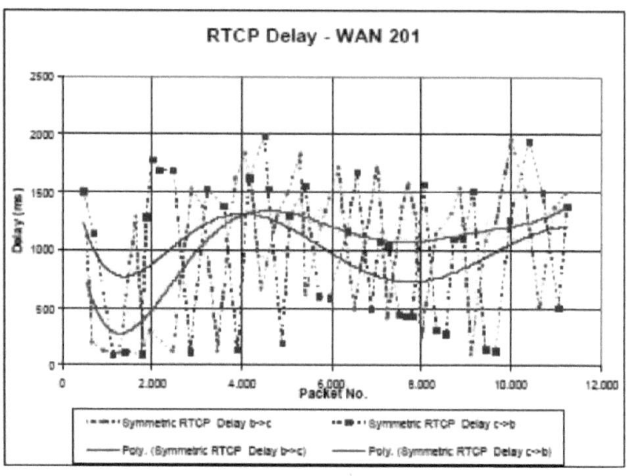

Figura 50. Resultado do teste WAN (1)

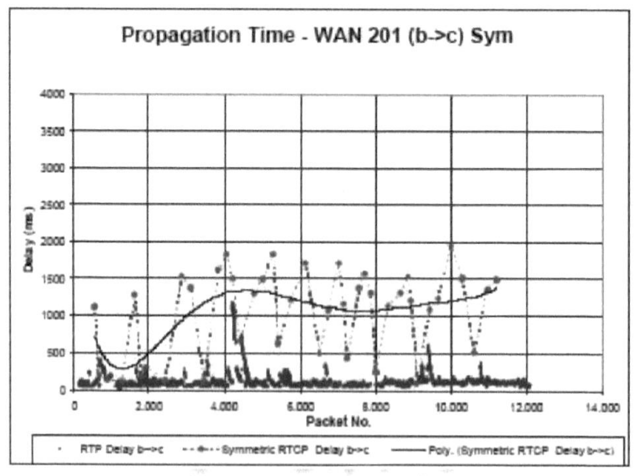

Figura 51. Resultado do teste WAN (2)

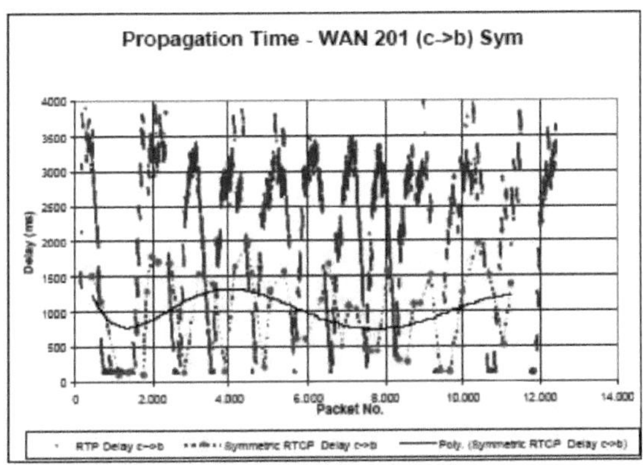

Figura 52. Resultado do teste WAN (3)

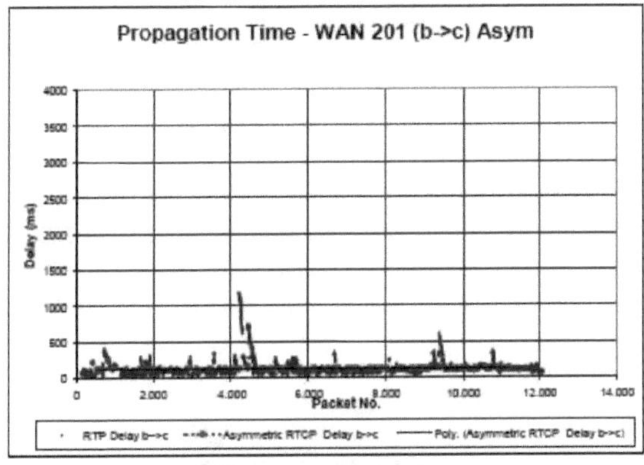

Figura 53. Resultado do teste WAN (4)

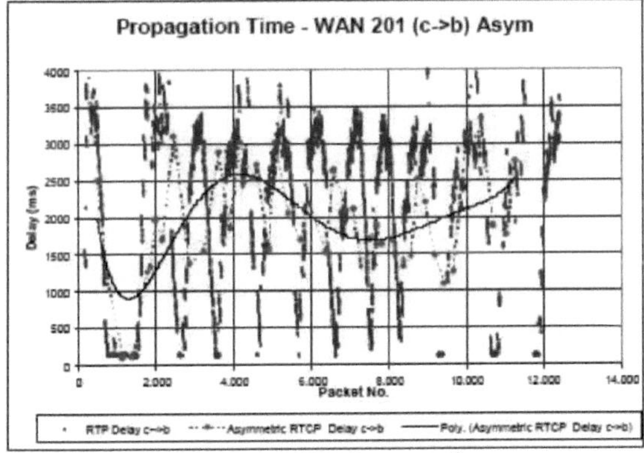

Figura 54. Resultado do teste WAN (5)

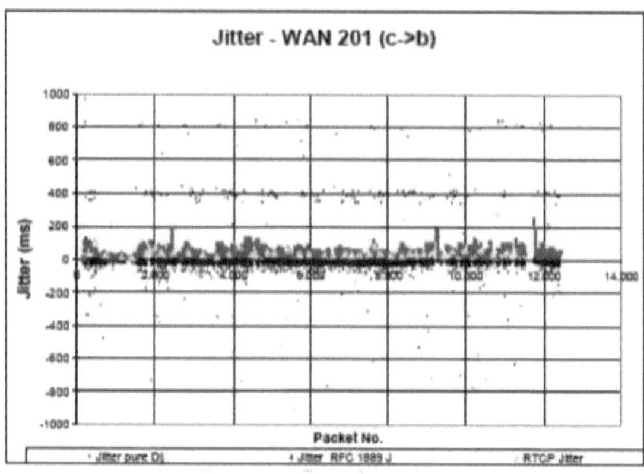

Figura 55. Resultado do teste WAN (Ö)

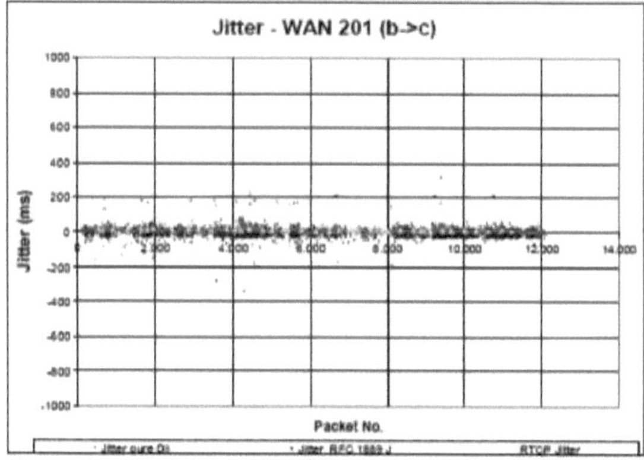

Figura 56. Resultado do teste WAN (7)

F. TESTE SEM FIOS
Código do teste : Teste 401
Descrição : VoIP em LAN sem fios
Localização : LAN sem fios do SAAM no Spanagel Hall

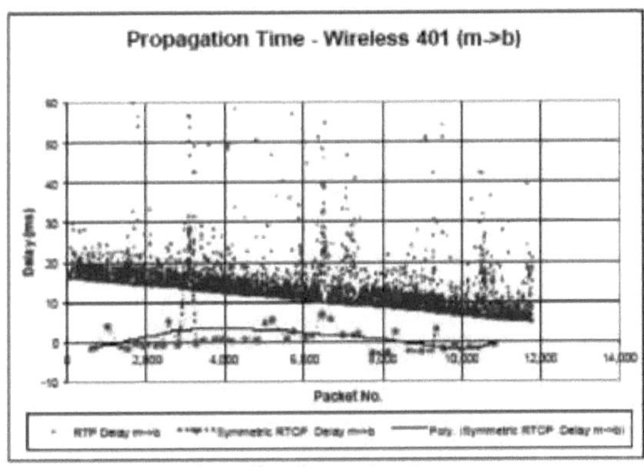

Figura 57. Resultado do teste sem fios (1)

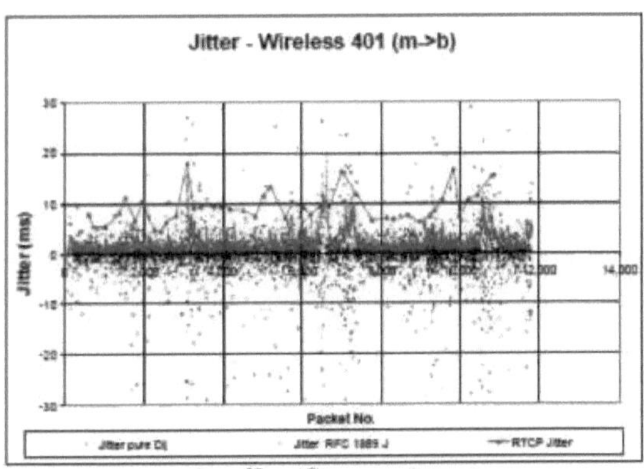

Figuren a. Resultado do teste sem fios (2)

G. RESULTADO MOS

O quadro seguinte resume a pontuação média do resultado do teste.

Tabela 13. Teste MOS

Teste	MOS	
	Magma para Berry	Bari7 para Magma
LAK	27	2.7
Campus	21	35
WAN	2.7	3.2
Sem fios	3.2	3.5

Capítulo 8

VIII. ANÁLISE DE DADOS

A. GERAL

Os dados recolhidos mostram que todos os pacotes RTP têm 78 bytes de comprimento, enquanto o tamanho dos pacotes RTCP varia entre 86 e 130 bytes, dependendo do tipo de relatório anexado. O NetMeeting foi configurado para funcionar com G.723.1 a uma taxa de dados de 6,3 kbps para áudio, utilizando o algoritmo de supressão de silêncio predefinido. A carga útil de voz tem 24 bytes de comprimento. A ausência de blocos de voz redundantes implica que o NetMeeting não utilizou o mecanismo FEC.

Nos 14 bytes do cabeçalho IP, o campo TOS tinha todos os zeros, correspondendo à seguinte prioridade:

0000 00 DSCP (Differentiate Service Code Point) Predefinição 0
0 ECT (ECN-Capable Transport) Predefinição 0
0 ECN-CE

O ponto de código predefinido indica que não foi ativado qualquer mecanismo de pedido de envio rápido para todos os pacotes de voz. O cabeçalho UDP tem 8 bytes de comprimento, enquanto o cabeçalho RTP tem um comprimento regular de 12 bytes. Por outras palavras, não foi utilizada qualquer compressão do cabeçalho durante os testes. Foram geradas algumas mensagens RSVP para reservar o caminho para os pacotes de voz, mas estas têm pouco impacto, uma vez que não foram criados mecanismos WFQ, MPLS e TOS nos routers. O tráfego cruzado de FTP pareceu fazer com que o atraso flutuasse apenas numa direção.

B. RELÓGIO

Alguns pacotes RTP têm um valor de atraso negativo como resultado da baixa granularidade do relógio do Microsoft Windows a 10 ms. Estes números negativos são aceitáveis, uma vez que são mínimos. Os testes de desvio do relógio com um cabo cruzado mostram que dois computadores diferentes podem funcionar com velocidades de relógio diferentes. O relógio do sistema do computador de secretária com CPU de 1,5 GHz é sempre ligeiramente mais rápido do que o do computador portátil com CPU de 1 GHz. Este fenómeno faz com que o desvio do relógio entre os dois sistemas aumente com o passar do tempo.

Além disso, depois de reiniciar o sistema, o desvio do relógio aumenta significativamente, ao contrário do aumento linear do desvio durante o funcionamento normal. O desvio inconsistente faz com que todos os valores de atraso em cada pacote se desviem constantemente do número fixo e sejam apresentados como uma linha oblíqua nos gráficos de tempo de propagação dos testes LAN, Campus e Wireless.

C. TESTE DE LAN

O tempo médio de propagação do RTP durante o teste da LAN é de aproximadamente 1 ms, enquanto o RTCP regista pequenos valores negativos de atraso devido à granularidade grosseira do relógio. O jitter puro médio e o jitter RFC 1889 têm o mesmo valor, enquanto o RTCP regista um valor ligeiramente superior. Esta diferença pode ser considerada negligenciável. A perda de pacotes é registada como 0, o que é coerente com a contagem real de pacotes RTP. Assim, o RTCP é exato num ambiente LAN.

D. TESTE DO CAMPUS

O teste no campus do NPS foi realizado após uma grande atualização da infraestrutura. Todos os resultados são muito semelhantes aos do ambiente LAN. O RTCP continua a registar pequenos atrasos negativos, enquanto os tempos de propagação do RTP são de cerca de 1 ms. Além disso, o nível de jitter é pequeno, com uma média de menos de 10 ms. O RTCP comunica uma perda nula de pacotes, enquanto a taxa de perda efectiva é da ordem dos 0,01%. Por conseguinte, neste ambiente, o RTCP é fiável para comunicar os comportamentos RTP. Os valores reduzidos do atraso e da taxa de perda indicam que o backbone NPS é adequado para aplicações VoIP. No entanto, a qualidade da placa de áudio é um fator importante que afecta o VQ. Com uma placa de som de baixa qualidade, os testadores podem sentir eco e distorção da voz, embora a voz seja totalmente inteligível.

E. TESTE DE WAN

Os dados recolhidos no teste WAN mostram que o tráfego cruzado FTP provoca grandes flutuações no atraso dos pacotes RTP, variando entre 120 e 3900 ms. Na outra direção, sem tráfego de dados FTP, o atraso é bastante estável, com cerca de 121 ms. Este valor não é exatamente exato devido ao desvio do relógio, no entanto, encontra-se dentro de um intervalo de atraso razoável. Um teste separado com ping registou um tempo médio de ida e volta de 140 ms. Partindo do princípio de que os tempos de propagação são simétricos, o meio valor dos atrasos de amostra RTCP não pode representar o padrão de atraso real de todos os pacotes RTP. Quando se consideram atrasos assimétricos, utilizando um atraso constante de 121 ms numa direção, a tendência do atraso RTCP parece ser mais realista, mas continua a não se aproximar do atraso real. Para a direção com grandes flutuações de atraso, o RTCP apresenta uma taxa de perda de pacotes de 4,7%, enquanto a taxa de perda real é de 5,1%. Portanto, a diferença é pequena. A outra direção tem uma taxa de perda de

pacotes de 0, o que corresponde à taxa de perda de 0 comunicada pelo RTCP nesta direção.
O gráfico seguinte mostra a coerência do relatório RTCP sobre o tempo de ida e volta em cada direção. Ambos fornecem uma tendência semelhante sobre o tempo de ida e volta, com exceção de pequenas diferenças em alguns relatórios. De um modo geral, o RTCP apresenta informações coerentes sobre o tempo de ida e volta.
Figura 59. Consistência RTCP A precisão das amostras de atraso RTCP também é avaliada. Todos os valores de atraso unidirecional RTP de ambas as direcções entre pares RTCP são calculados e somados para formar o atraso médio de ida e volta RTP. Este número é comparado com as amostras de atraso de ida e volta RTCP derivadas no gráfico seguinte. Até as suas tendências são as mesmas, mas o RTCP sobrestima e subestima o RTP numa quantidade significativa. A raiz do erro quadrático médio é de 1.003 ms. O erro absoluto médio é de 750 ms.

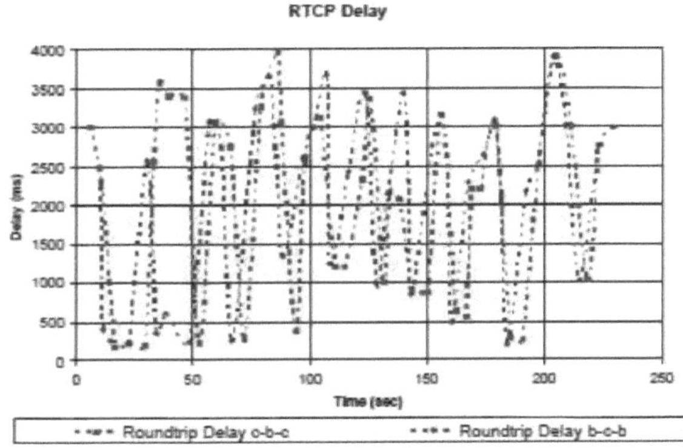

Figura 59. Consistência RTCP

F. TESTE DE LIGAÇÃO SEM FIOS

Os dados recolhidos do teste de LAN sem fios encriptada indicam que o atraso médio dos pacotes RTP é de aproximadamente 10 ms. Este teste foi realizado no pior cenário possível, em que o nó de teste estava longe do ponto de acesso e o indicador de intensidade do sinal ficou amarelo. A capacidade bruta era de aproximadamente 2 Mbps. O RTCP funciona de forma consistente com o RTP na comunicação do atraso. O jitter é mínimo e não há perda de pacotes.

G. MOS

O tráfego de voz com atrasos superiores a 250 ms continua a ser inteligível, mas o utilizador tem de esperar temporariamente antes de responder. Sem eco, a qualidade da voz foi considerada aceitável porque os utilizadores já esperam que a qualidade seja inferior à do telefone tradicional. A qualidade dos auscultadores é outra questão a ter em conta, uma vez que afecta muito a satisfação auditiva. De qualquer modo, não é adequado utilizar os valores do teste para avaliar a E

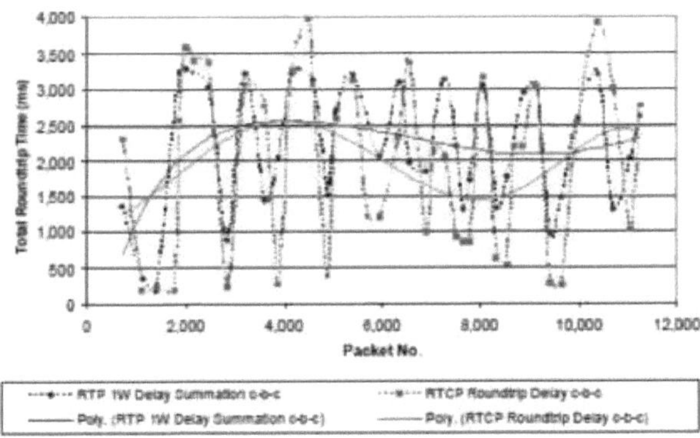

Figura (SO. Precisão RTCP

Modelo devido às selecções ad hoc dos ambientes de teste e do grupo de testadores. Esta pode ser uma boa área para um estudo mais aprofundado.

H. RÁCIO DE PACOTES RTP E RTCP

O analisador de protocolos recolheu um total de 84 pacotes RTCP e um total de 11.738 pacotes RTP. Assim, a taxa de geração de SR é aproximadamente 0,72% da taxa de geração de mensagens RTP.

RESUMO

A. RESUMO DO TESTE

Para estimar o desempenho de uma aplicação VoIP, o método mais popular é monitorizar os pacotes RTCP. Os testes em redes de baixo atraso - como LAN, backbone de campus e LAN sem fios - demonstraram uma elevada fiabilidade do método de amostragem do desempenho RTCP, apesar de existirem pequenas distorções devido à granularidade grosseira do relógio do anfitrião. No entanto, os testes numa rede pública com grandes variações de atraso indicaram uma baixa precisão do mecanismo de relatório RTCP. Esta deficiência pode ser causada pela baixa taxa de amostragem do método RTCP.

Numa sessão com poucos participantes, normalmente as mensagens RTCP são enviadas aproximadamente de 5 em 5 segundos. No entanto, numa conferência com vários participantes, as mensagens RTCP podem ser enviadas de 30 em 30 segundos, uma vez que este protocolo foi concebido para ser escalável de modo a acomodar milhares de utilizadores. De acordo com esta conceção, quanto maior for o número de participantes na conferência, menor será a frequência de envio de pacotes RTCP por cada terminal. Como o RTCP foi concebido para fornecer informações de retorno sobre a qualidade da distribuição dos dados, a aplicação VoIP correspondente utilizará esses dados para diagnosticar falhas e controlar a forma como os pacotes RTP podem ser enviados. Por conseguinte, a fiabilidade do RTCP pode tornar-se um problema importante para as grandes conferências multipartidárias.

O teste WAN mostra que a abordagem do atraso simétrico, frequentemente utilizada em investigações anteriores, pode não ser adequada. É mais adequado determinar o atraso em cada direção porque cada utilizador pode ter uma VQ diferente.

Por último, os resultados dos testes indicam que a infraestrutura NPS está pronta para a implantação de VoIP, mesmo com extensões LAN sem fios encriptadas. O atraso no transporte de voz é muito baixo e não afecta a VQ. No entanto, o administrador da rede deve configurar os routers para suportarem DiffServ e RSVP, a fim de dar precedência aos dados de voz em relação ao tráfego relativamente pouco sensível ao atraso (Web, correio eletrónico, etc.).

B. TRABALHO FUTURO

Este estudo descobriu que o mecanismo RTCP de estimativa do desempenho da VoIP pode ser ineficaz em redes com atrasos grandes e voláteis. Apesar de alguns inconvenientes, o RTCP é amplamente utilizado para determinar o desempenho de aplicações multimédia em tempo real. Por conseguinte, o RTCP deve ser melhorado para fornecer informações mais exactas. Poderá ser possível adaptar o intervalo de comunicação RTCP para satisfazer esse requisito. Esta implementação pode ser avaliada no mesmo ambiente de teste de WAN utilizado por esta investigação.

Outra área interessante para trabalho futuro é o modelo E. Uma vez que o modelo E foi desenvolvido num ambiente controlado e testado com um fator de desempenho individual de cada vez, poderá haver alguma redundância quando todos os factores forem integrados num modelo. A realização de testes em ambientes reais pode validar ainda mais este modelo, mas são necessários muitos recursos.

Por último, será interessante testar o desempenho das aplicações de videofonia. A integração de meios de comunicação de voz e vídeo pode testar ainda mais a fiabilidade do RTCP, uma vez que a dimensão dos quadros dos meios de comunicação é muito maior e é necessária mais largura de banda.

REFERÊNCIAS

Lucent Technologies, "MultiVoice VoIP Solutions, Revenue Opportunities for Service Providers", whitepaper, [http://www.lucent.com], 2000.

Intel Corporation, "Noções básicas de telefonia IP", [http://www.intel.com/network/csp/resources/white_papers/4070web.ht m], 1999.

Elachi, Joanna, "VoIP Market Growing Rapidly", [http://www.commweb.com/article/COM20010405S0006], 2001.

Lucent Technologies, "Voice over IP Profit Guide for Service Providers", white paper, [http://www.lucent.com], 1999.

TIA, Telecommunication Industry Association, "Market Development: VoIP Market Positioned for Sustained Robust Growth", *Pulse Online*, Volume 2, Número 9, [http://pulse.tiaonline.org], julho de 2001.

Recomendação H.323 da ITU-T, *Sistemas de comunicação multimédia baseados em pacotes*, 1999.

Equivalência, "H.323 Standards", [http://www.openh323.org], 2002.

The Internet Engineering Consortium, "H. 323", Web ProForum Tutorials, [http://www.iec.org], junho de 2002.

The Internet Engineering Consortium, "Internet Telephony", Web ProForum Tutorials, [http://www.iec.org], junho de 2001.

The Internet Engineering Consortium, "Voice and Fax over Internet Protocol (V/FoIP)", Web ProForum Tutorials, [http://www.iec.org], março de 2002.

Cisco System, "Understanding Delay in Packet Voice Networks", white paper, [http://www.cisco.com], julho de 2002.

Tom Sheldon e Big Sur Multimedia, "Compression Techniques", [http://www.linktionary.com/c/compression.html], agosto de 2002.

RFC 1889, *RTP: um protocolo de transporte para aplicações em tempo real*, Schulzrinne, H., et al., janeiro de 1996.

Cisco System, "Cisco IP Telephony QoS Design Guide", white paper, [http://www.cisco.com], julho de 2002.

The Internet Engineering Consortium, "Voice Quality (VQ) in Converging Telephony and IP Networks", Web ProForum Tutorials, [http://www.iec.org], julho de 2002.

Mockingbird Networks, "Transporting Voice over IP : The Issues of Quality, Echo, e Latência", white white paper, [http://www.mockingbirdnetworks.com/pdfs/wp_transportvoice.pdf], junho de 2002.

Miyata, T., Fukuda, H., e Ono, S., "New Network QoS Measures for FECbased Audio Applications on the Internet", IEEE 1998, pp 355362.

Hall, Timothy A., "Objective Speech Quality Measures for Internet Telephony", National Institute of Standards and Technology, abril de 2000.

Pearsall, Susan, e Waller, John Q., "Doing a VoIP Assessment with Chariot VoIP Assessor", white paper, [www.netiq.com], maio de 2002.

Conversa em reunião entre Xie, Geoffrey, Naval Postgraduate School e o autor, abril-agosto de 2002.

RFC 1305, *Network Time Protocol (versão 3): Specification, Implementation, and Analysis*, Mill, David L., março de 1992.

RFC 1769, *Simple Network Time Protocol (SNTP)*, Mills, D., março de 1995.

Brandolini, Shala, e Green, Darin, "The Windows Time Service", Artigo Técnico do Microsoft Windows 2000 Server, [www.microsoft.com/windows2000/server], abril de 2000.

Fonseca, José e Stanton, Michael, "A Methodology for Performance Analysis of Real-Time Continuous Media Applications", comunicação apresentada no 12th International Workshop on Distributed Systems: Operations and Management (DSOM 2001), Nancy, França, 15 de outubro de 2001.

GPS Clock, "GPS Clock for Time Synchronization", [www.gpsclock.com], 2001.

Recomendação P.800 da ITU-T, *Métodos para a determinação subjectiva da qualidade da transmissão.*

net.com, "The Mean Opinion Score", livro branco, [www.net.com/products/narrowband/repository/white_papers/mos_wp], março de 2002.
Walker, John Q., e Hicks, Jeffrey T., "Planning for VoIP", documento técnico da Net IQ Corporation, [www.netiq.com], abril de 2002.
Recomendação G.107 da ITU-T, *O modelo E-M, um modelo computacional para utilização no planeamento da transmissão.*
Cisco System, "VoIP - Understanding Codecs: Complexity, Support, MOS, and Negotiation", white paper, [http://www.cisco.com/warp/public/788/voip/codec_complexity.html], maio de 2002.
NetPredict, "Assess the Ability of Your Network To Handle VoIP Before You Commit", white paper, [www.netpredict.com], abril de 2002.
Telecommunications Industry Association, "PN-4689 Voice Quality Recommendations for IP Telephony", [ht tp://ftp.tiaonline.org/tr- 41/Tr4112/Public/Latest_Revision_of_PN-4689/PN4689.pdf], junho de 2002.
Shenton, Chris, "Netmeeting Security Concerns and Deployment Issues", [http://www.shenton.org/~chris/nasa-hq/netmeeting/], outubro de 1998.

BIBLIOGRAFIA

Nguyen, T., et.al, "Voice over IP Service and Performance in Satellite Networks", IEEE Communications Magazine, pp. 164-171, março de 2001.

Printed by Books on Demand GmbH, Norderstedt / Germany